Schwester Rut-Maria

Auch Nonnen haben Parkplatzprobleme

HERDER spektrum

Band 6249

Das Buch

»Mein Ordenskleid löst manchmal unbequeme Fragen und unangenehme Bemerkungen aus, die mich herausfordern. Es führt aber auch zur Ausgrenzung. Das hat manchmal den Vorteil, dass ich im Zug ein Abteil für mich alleine habe. Dann sprechen die Gesichter für sich, und ich kann ein Schmunzeln nicht unterdrücken. Sollten wir uns einmal begegnen, gilt das Motto: Sprechen Sie mich doch bitte an, denn ich bin ein Mensch wie jeder andere auch!« *Schwester Rut-Maria*

Schwester Rut-Maria erzählt in erfrischender Weise von Ereignissen und Erfahrungen im Kloster: von Arbeit und Erholung, von Festen und Feiern, von Glück und Unglück, von Zusammenleben und Alleinsein, vom Alltag und vom Außergewöhnlichen. Es zeigt sich: So anders das Leben im Kloster ist, so normal ist es zugleich – und umgekehrt.

Die Autorin

Schwester Rut-Maria Buschor lebt im Benediktinerinnenkloster St. Andreas in Sarnen im Kanton Obwalden in der Zentralschweiz. Bekannt wurde sie durch ihre wöchentlichen Kolumnen in der Online-Ausgabe der Neuen Zürcher Zeitung. Aus den Kolumnen ist mit freundlicher Unterstützung der NZZ dies Buch entstanden.

Schwester Rut-Maria

Auch Nonnen haben Parkplatzprobleme

Mein Leben im Kloster

HERDER

FREIBURG · BASEL · WIEN

www.herder.de

Umschlagkonzeption: Agentur R·M·E Roland Eschlbeck
Umschlaggestaltung: Verlag Herder
Umschlagfoto:
Barbara Graf Horka © Kloster St. Andreas, Sarnen

Satz: Barbara Herrmann, Freiburg
Herstellung: fgb · freiburger graphische betriebe
www.fgb.de

Gedruckt auf umweltfreundlichem, chlorfrei gebleichtem Papier
Printed in Germany

ISBN 978-3-451-06249-0

Inhalt

Klosterleben im Jahreslauf

Vorwort

Im September 2007 startete in der Online-Ausgabe der Neuen Zürcher Zeitung meine Kolumne aus dem Kloster. Mit dem Schreiben dieser Kolumnen betrat ich Neuland. Es bereitet mir Freude, und ich bin dankbar, die Gelegenheit erhalten zu haben, weiteren Kreisen das Leben hinter Klostermauern nahezubringen. Im Zusammenleben mit meinen Mitschwestern fand und finde ich immer wieder Themen, um wöchentlich einen neuen Text schreiben zu können. Ihnen und auch der Redaktion von NZZ online, besonders Herrn Urs Holderegger, bin ich dankbar, dass ein Teil der Kolumnen nun in Buchform erscheinen kann. Beim Schreiben stand mir Herr Rudolf Wyss zur Seite, sei es, um mich auf Unklarheiten im Text oder auf Ungereimtheiten im Schreibstil hinzuweisen. Zu guter Letzt gilt mein Dank Gott, und ich möchte mir die Worte des heiligen Paulus zu eigen machen, wie er in seinem Brief an Timotheus schreibt: »Ich danke dem, der mir Kraft gegeben hat, Christus Jesus, unserem Herrn.«

Sarnen, im Herbst 2008
Schwester Rut-Maria

Alltag im Kloster

Zwischen Kirchenaustritt und Klostereintritt

Mein Weg ins Kloster war weder Flucht noch Vorbestimmung, sondern ein zähes Ringen um die Wahrheit und darum, wo diese zu finden ist.

Wir schreiben das Jahr 1990. Nachdem ich meine Lehre abgeschlossen habe, wage ich als junge Frau aus Goldach im Kanton Sankt Gallen in der Schweiz den Schritt über den »Röschtigraben« (umgangssprachlicher Begriff für die Sprachgrenze zwischen dem Deutsch und dem Französisch sprechenden Teil der Schweiz) in die Stadt Genf. Damals hieß ich noch Bernadette Buschor. Ich lebte dort im Haus einer Freikirche, und im Kontakt mit deren Mitgliedern wurde ich mit meinem Kinderglauben konfrontiert, der mir fremd geworden war und mir nicht mehr ausreichte. In mir brannte die Sehnsucht nach der Wahrheit. Wer oder was ist die Wahrheit, und wo ist sie zu finden? Dies führte dazu, dass ich mich über die verschiedensten Glaubensgemeinschaften informierte. Ich besuchte die Gottesdienste unterschiedlicher Freikirchen, diskutierte mit Sektenangehörigen. Der Kirchenaustritt stellte für mich eine mögliche Alternative dar. Und doch: die Anziehungskraft der Eucharistie schlug mich immer mehr in ihren Bann. Ich verbrachte viel Zeit in der Kirche und wollte einmal anders Ferien machen: Ich ging für zwei Wochen in ein Kloster. In Jesus Christus entdeckte ich die Wahrheit, die für mich lebensbestimmend wurde. Zudem erfüllte mich nach langem Ringen die Einsicht, dass ich nur als Mitglied versuchen kann, auf die katholische Kirche Einfluss zu nehmen, auch wenn dies nur in ganz geringem Maß möglich ist.

Unterdessen orientierte ich mich beruflich um. Mein Plan war, in die Sozialarbeit einzusteigen, also absolvierte ich ein Praktikum in einer Einrichtung für geistig behinderte Erwachsene. Die Idee, in ein Kloster einzutreten, ließ mir aber keine Ruhe. Nach Beendigung des Praktikums stellte sich mir die Frage: Wie geht es weiter? Ist das Kloster wirklich eine Möglichkeit für mich?

Im September 1992 wagte ich den Schritt. Zuerst als eine Art »Kloster auf Zeit«. Bald spürte ich in meinem Innern, dass ich auf dem richtigen Weg bin. Die Sehnsucht nach Gott war zu stark, um sie zu übergehen. Meine Familie reagierte nicht gerade begeistert auf meinen Entschluss. Meine Schwester schenkte mir das Buch *Die Kleriker* von Eugen Drewermann, damit ich auf andere Gedanken komme, aber das nützte nichts. Im März 1994 war es dann so weit: Ich durfte mein Noviziat beginnen, das in der folgenden Zeit von einem steten Auf und Ab begleitet wurde. Am Ende wurde es genau deshalb noch einmal verlängert.

Bei meiner zeitlichen Profess erhielt ich meinen Ordensnamen. Ich stand vor der Wahl, meinen Taufnamen Bernadette zu behalten oder ihn zu ändern. Ich entschied mich für Letzteres. Von nun an trug ich den Schwesternnamen Rut-Maria, denn die Geschichte der Rut im Alten Testament faszinierte mich. Im Kloster entdeckte ich mein Talent für Musik. Ich erhielt Klavierstunden, später kamen Orgelstunden hinzu. Mit innerer Überzeugung legte ich im August 1998 meine feierliche Profess ab und war nun Vollmitglied der Klostergemeinschaft von Sankt Andreas.

Das Klosterleben ist nicht das Paradies auf Erden. Gott hat mich auf diesen Weg gerufen. Täglich braucht es meine Antwort auf diesen Ruf. Und wenn ich achtsam bin, dann entdecke ich seine Spuren in meinem Alltag.

Traumberuf Klosterfrau

Immer wieder erlebe ich großes Interesse am Leben im Kloster. Daher möchte ich etwas mehr zum Thema »Traumberuf Klosterfrau« schreiben und einen Überblick geben, wie man hineinwächst – vom Eintritt ins Kloster bis zur feierlichen Profess.

Beim Entschluss, ins Kloster zu gehen, ist man nicht sofort eine Schwester. Wie in anderen Berufen gibt es auch bei uns verschiedene Stufen der Ausbildung.

Der erste Schritt ist die sogenannte Kandidatur. Diese kann unterschiedlich lange dauern. Bei uns im Kloster umfasst sie ein Jahr. Man lebt den gleichen Alltag wie die Schwestern, trägt aber noch nicht das Ordensgewand. Diese Zeit klärt schon einiges, was die Motivation und die Eignung zu diesem Leben angeht.

Hat man sich anschließend entschlossen, weiter in der Gemeinschaft zu bleiben, folgt das Noviziat. Nun erhält die Interessentin das Ordensgewand, trägt aber zum Zeichen ihres »Ausbildungsstandes« einen weißen Schleier. Während dieses Noviziatsjahres findet eine intensive Auseinandersetzung mit dem Berufswunsch wie auch mit der Regel des heiligen Benedikt statt. Nach der Beendigung dieser Prüfungszeit gelobt dann die Novizin, für drei Jahre in der Gemeinschaft zu verbleiben und ihr Leben nach folgenden Gelübden auszurichten: Beständigkeit (Bleiben in der Gemeinschaft), klösterlicher Lebenswandel und Gehorsam. So wächst man immer mehr in die Gemeinschaft und ihren Lebensrhythmus hinein.

Zum Zeichen der weiteren Einbindung in die Gemeinschaft erhält die Novizin bei uns nun auch den schwarzen Schleier. Nach Ablauf der drei Jahre, die dazu dienen, den eigenen Wunsch nach dem Leben im Kloster und den oben genannten Gelübden noch einmal zu überprüfen, erfolgt die Bindung an den Orden für das ganze Leben: Mit der feierlichen Profess erhält man in der Gemeinschaft Stimm- und Wahlrecht. Als äußere Zeichen der Zugehörigkeit bekommen die Schwestern zudem eine Kukulle (Übergewand) und den Ring als Zeichen des Bundes mit Gott.

Ich wurde einmal gefragt, ob wir Schwestern in einem Arbeitsverhältnis leben. Dem ist nicht so, obwohl es Parallelen gibt. Neben ihrem Berufsleben haben andere Menschen noch ihr Familien- und Freizeitleben usw. Im Kloster ist dies alles eins. Im Gegensatz zu einem Arbeitsvertrag mit Kündigungsfrist kann bei uns die Profess, bei der ein Versprechen vor Gott und den Mitschwestern abgelegt wird, nicht einfach aufgelöst werden. Nur schwerwiegende Gründe können einen Austritt rechtfertigen. Die darin liegende Radikalität mag für manche ein Wagnis sein. Rückblickend auf 16 Jahre in meiner Gemeinschaft sage ich: Es hat sich gelohnt, dieses Wagnis mit Gott einzugehen.

Gebet vor Ort, Infos aus dem Internet

»Nonnen beten immer, arbeiten nichts und leben weltfremd hinter dicken Mauern.« Diese Vorstellung amüsiert mich immer wieder, und sie trifft so wenig zu wie alle übrigen Klischees. Das private und gemeinsame Gebet bildet zwar das Zentrum eines streng strukturierten Tages, aber auch wir Schwestern können nicht vom Gebet allein leben.

Dies zeigt auch mein Tagesablauf, der jeweils um 4.45 Uhr beginnt. Um wach zu werden und meinen Kreislauf anzukurbeln, begebe ich mich in den Garten. Ich drehe dort jeden Morgen meine Runden, und das bei jeder Witterung. Um 6 Uhr ruft mich die Glocke zum ersten gemeinsamen Gebet und zum Gottesdienst. Danach nehmen wir das Frühstück ein. Bald darauf folgt ein weiteres kurzes Gebet in der Klosterkirche. Der heilige Benedikt, nach dessen Regel wir leben, umschreibt die Nonne als Gottsucherin. Bei der Suche nach Gott hilft mir die tägliche Meditation in der Stille.

Um 9 Uhr beginne ich mit meiner Arbeit. Diese ist sehr vielfältig: Ich erledige Verwaltungsaufgaben, übe auf der Orgel, helfe im Haus beim Abwaschen, Treppenstaubsaugen, beim Pforten- und Telefondienst etc. Die Glocke mahnt mich immer wieder, Gott nicht aus den Augen zu verlieren. So treffe ich mich mit meinen Mitschwestern vor dem Mittagessen zur nächsten Gebetszeit.

Den Nachmittag unterbreche ich mit zwei weiteren Gebetszeiten. Dazwischen widme ich mich meiner Arbeit. Um 18 Uhr gehen wir zum Nachtessen. Ein letztes Mal versammeln wir uns um 19.30 Uhr zum Gebet in der Klosterkirche, um Rückblick zu halten auf den vergangenen Tag. Danach erledige ich, was noch liegengeblieben ist, und informiere mich im Internet über das Geschehen in der Welt. Gegen 21.45 Uhr endet mein Tag. Dankbar übergebe ich Gott das Vergangene und vertraue ihm das Morgen an.

Dieser Tagesablauf hat sich in meinem Leben bewährt. Ich empfinde ihn selten als eintönig. Außerdem gibt es immer wieder Ausnahmen und Unterbrechungen: Feiern innerhalb der Gemeinschaft, Besuche im Kloster, Vorträge, Veranstaltungen und Konzerte, Wanderungen in der Umgebung und vieles andere mehr.

Tischlesung – oder wie aus Alinghi »Alinschi« wird

Eine Regel in unserem Kloster ist, dass während des Essens nicht miteinander gesprochen wird. Doch still geht es deswegen nicht zu. Dafür sorgt das Amt der Tischlesung, das wir jeweils abwechselnd übernehmen. Während wir das Frühstück schweigend einnehmen, wird während der übrigen Mahlzeiten vorgelesen. Die ganze Lesung soll nach der Weisung des heiligen Benedikt zur Erbauung der Gemeinschaft dienen und somit die Gottsuche der Einzelnen befruchten. Nur an Festtagen wie Ostern und Weihnachten und an für unsere Gemeinschaft wichtigen Tagen findet keine Lesung statt.

Beim Mittagessen hören wir zu Beginn einen Text aus dem Neuen Testament. Abgeschlossen wird die Lesung am Ende der Mahlzeit mit einem Abschnitt aus der Regel des heiligen Benedikt. Die dazwischenliegende Zeit wird durch die jeweilige »Vorleserin« unterschiedlich genutzt. Neben Büchern, die unser klösterliches Leben befruchten, gehören auch wichtige Informationen aus der Zeitung, die den Kanton Obwalden, die Schweiz oder auch die internationale Gemeinschaft betreffen, dazu. Platz finden hier auch Neuigkeiten aus der weltweiten Kirche. Meine Favoriten sind die Briefe von Missionaren, die von ihrer Aufgabe in anderen Ländern berichten. Sie schreiben interessant, sodass ich mich dorthin versetzt fühle. Etwas anders gestaltet sich das Nachtessen. Fester Bestandteil ist hier der Heiligenkalender; dann folgt die Fortsetzung der Lesung vom Mittag.

Kürzlich kämpfte ich mich als Vorleserin durch einen Text mit vietnamesischen Namen.

Damit Sie sich eine Vorstellung machen können, hier einige der Wörter: Phát Điện, Ninh Bình, Điện Biên Phủ, Ho Chi Minh, Quốc Ngữ, Pham Minh Mân, Nguyễn Chí Linh. Schwierigkeiten bereiten oft auch die Namen der Staatspräsidenten, die manchmal wahre Zungenbrecher sind. Oft bin ich froh, dass ich die Namen bereits im Radio gehört habe und daher weiß, wie sie ausgesprochen werden.

Solche Lesungen sind manchmal auch »Rätselstunden« für mich, insbesondere dann, wenn Mitschwestern englische Wörter bzw. Abkürzungen deutsch aussprechen, sodass ich einige Zeit brauche, um zu verstehen, was damit gemeint ist. Auch hier zwei Beispiele: »Be Be Ce« und »Ef Be I«. Ich grübelte und grübelte. Plötzlich kam mir dann doch noch die Erleuchtung: gemeint waren BBC und FBI. Hin und wieder fragt mich eine Mitschwester nach der richtigen Aussprache. Dann wird fleißig geübt. Aber leider hilft der Ratschlag meines Englischlehrers, dass man sich vorstellen soll, eine Kartoffel im Mund zu haben, selten für die richtige Aussprache. Übrigens: Nicht nur englische Wörter lassen mich aufhorchen. So wurde beispielsweise aus dem Namen des erfolgreichen Schweizer Segelbootes Alinghi »Alinschi«.

Neben der Tischlesung gibt es bei uns noch eine weitere Besonderheit: Feiert eine Mitschwester ihren Namenstag, erklingt während des Desserts, das meistens aus Obst aus dem eigenen Garten besteht, Musik, die sie sich zuvor selbst aussuchen darf.

»Damit in allem Gott verherrlicht werde!«

Damit Gemeinschaft gelingen kann, braucht es Regeln. Davon zeugt die Regel des heiligen Benedikt, in der sich seine Lebenserfahrung widerspiegelt. So ordnete er das Zusammenleben bis in die kleinsten Details. Da schreibt er im 22. Kapitel von der Nachtruhe, dass die Mönche angekleidet und umgürtet schlafen sollen. Messer dürften sie aber nicht bei sich haben, damit sie sich nicht im Schlaf verletzten.

Solche Details mögen uns heute unverständlich sein. Es bleibt aber das Bewusstsein, dass eine Ordnung für das Zusammenleben unabdingbar ist. Deshalb bekommt jede Schwester außer dem, was ihr Arbeitsbereich ist, kleinere Ämter für eine Woche übertragen. Jeweils am Sonntag treten die Tischdienerin und die Tischleserin ihren Dienst an. Die Tischdienerin trägt die Speisen bei unseren Mahlzeiten auf. Beim Frühstück helfen wir jüngeren Schwestern mit, sodass es ihr ebenfalls möglich ist, zu essen. Beim Mittagessen und Nachtessen isst sie jeweils zusammen mit der Tischleserin nach der Mahlzeit der Gemeinschaft, denn gewöhnlich wird ja während der Mahlzeiten vorgelesen und nicht miteinander gesprochen.

Seit wir eine direkte Verbindung zur Küche haben, ist diese Aufgabe erheblich leichter. So können die Platten mit den Speisen nun auf einem Servierwagen in den Speisesaal gefahren werden. Zum Essen benutzt jede Schwester ihr eigenes Silberbesteck. Die einen haben dies als Aussteuer mit ins Kloster gebracht. Wir jüngeren Schwestern erhielten es von unseren Eltern zu unserer Profess. Nach dem Essen geht die Tischdienerin von Tisch zu Tisch und wäscht das Besteck in einem Becken.

Das Frühstück wird von verschiedenen Mitschwestern zubereitet, da unser Morgengebet bereits um 6 Uhr beginnt. So trifft es einen damit nur einmal in der Woche. Neben dem Zubereiten des Frühstücks gehört es zu dieser Aufgabe, um 5.20 Uhr die Glocke zu läuten, um den anderen Mitschwestern das Zeichen zum Aufstehen zu geben. Ich stehe immer früher auf, damit ich einerseits die Kirche für die Menschen öffnen kann, die von außerhalb des Klosters am Gebet teilnehmen möchten, und andererseits, damit ich meinen morgendlichen Spaziergang im Garten nicht verpasse.

Daneben gibt es bei unserem Chorgebet unterschiedliche Aufgaben. Wenn Außenstehende daran teilnehmen, fällt es diesen oft schwer, zu unterscheiden, wer nun für was zuständig ist. Manchmal werde ich dann danach gefragt, und ich versuche mein Bestes, das Durcheinander zu entwirren. So ist eine Mitschwester verantwortlich für das Anstimmen der Psalmen und eine andere für das Vortragen der Lesung und die Fürbitten sowie das Vorsingen des Schlussgebetes.

»Damit Gott in allem verherrlicht werde!« – mit diesem Satz weist der heilige Benedikt den Mönch und die Nonne darauf hin, dass dies auch im kleinsten Dienst geschieht.

Der Dienst mit dem größten Lohn

Klosterfrauen beten 24 Stunden am Tag – mit dieser Vorstellung kam eine junge Frau zu uns ins Kloster, um mit uns ein paar Tage zu leben. Sie kam mir wieder in Erinnerung beim Lesen des 35. Kapitels unserer Ordensregel, das über den Wochendienst in der Küche spricht. Der Gedanke an dieses Klischee lässt mich innerlich erschaudern, denn ich esse sehr gerne, und zudem ist das Essen genauso wie das Beten und Arbeiten nicht aus unserem Alltag wegzudenken.

Der heilige Benedikt sieht in seiner Regel vor, dass jeder Bruder für den Küchendienst eingeteilt werden soll. Er entschuldigt einen Mitbruder nur, wenn er von einer wichtigen Aufgabe beansprucht ist oder auf dem Krankenlager liegt. Weiter schreibt er: »Dieser Dienst erwirkt mehr Lohn und größere Liebe«, denn Benedikt wusste, dass der Dienst in der Küche nicht der beliebteste ist und oft auch der undankbarste. Deshalb sieht er wohl am Ende des genannten Kapitels vor, dass für diejenigen gebetet wird, die den Dienst antreten oder abtreten. Diese Tradition hat sich bei uns bis heute erhalten. Zudem erstaunt mich einmal mehr die Weitsicht, die er bewies, indem er schrieb: »Dem Schwachen jedoch gebe man Gehilfen, damit er diene, ohne traurig zu werden.«

Die Vorschrift, dass jeder für den Küchendienst eingeteilt wird, konnte sich in unserer Gemeinschaft nicht halten, aber wir haben uns die verschiedenen Dienste aufgeteilt. Dennoch sind wir zum Teil auf fremde Hilfe in der Küche angewiesen, weil die Zahl der Schwestern deutlich zurückgeht. Die Frühstücksvorbereitung ist auf viele Schultern verteilt. Am Freitagmorgen ist es daher an mir, diese Aufgabe zu übernehmen. Um rechtzeitig beim Gebet zu sein, stehe ich dafür eine halbe Stunde früher auf.

Zu Beginn meiner Zeit im Kloster lernte ich, dass ein Brot, das frisch angeschnitten wird, zuerst auf der Unterseite dreimal zu bekreuzigen ist. Ein Brauch, um dem dreifaltigen Gott zu danken und das Brot zu segnen. Mir gefällt diese Tradition sehr, und deshalb freue ich mich immer, wenn ein frisches Brot zum Aufschneiden für mich bereitliegt. Die fremde Hilfe in der Küche benötigen wir für das Kochen des Mittagessens. Viermal übernehmen Angestellte und dreimal eine Mitschwester diesen Dienst. Für das Nachtessen sind vier von uns Schwestern zuständig. Eine davon bin ich. Dann gibt es meistens ein Birchermüesli oder Pellkartoffeln.

Bei jeder der drei Mahlzeiten in unserem Refektorium beten wir am Anfang und am Ende, denn die gemeinsame Mahlzeit ist für uns eine Gelegenheit, uns zu versammeln und uns zu erinnern, dass der Herr mitten unter uns ist. Eines der Tischgebete am Ende gefällt mir besonders gut. Es lautet: »Gott Vater, du hast uns durch dieses Mahl gesättigt. Wir bitten dich, vergilt denen, die uns Speisen bereitet haben, und allen, die uns Gutes tun, mit deinem herrlichen Lohn.«

Das »Geheimnis« der grünen Kisten

An verschiedenen Orten im Kloster stehen sie herum – die grünen Kisten aus Plastik, die zurzeit nicht aus unserem klösterlichen Alltag wegzudenken sind. Aber sie gehörten nicht immer zum Inventar des Klosters.

Erst beim Hochwasser, als unser Kulturgut geborgen und abtransportiert werden musste, wurden uns die Kisten vom Landesmuseum in Zürich zur Verfügung gestellt, das diese wiederum zuvor vom Schweizer Militär erhalten hatte. Nach der ersten »Notbehandlung« des Kulturgutes vor Ort packten wir alles in diese Kisten, denn die weiteren Rettungsmaßnahmen konnten nicht im Kloster durchgeführt werden, und so mussten wir sehen, wie wir den Transport organisiert bekamen. Später, als die Musik- und Klosterbibliothek nach der Gefriertrocknung wieder ins Kloster zurückkehren sollten, dienten sie einmal mehr als Transportkisten.

Wir sind dankbar, dass wir nach Rücksprache mit den Verantwortlichen des Landesmuseums in Zürich diese Behälter behalten dürfen. Denn sie sind bei uns im Kloster auch jetzt noch rege in Gebrauch. Wir verwenden sie vor allem für die Aufbewahrung unserer Musik- und Klosterbibliothek. Die Musikalien sind zwar fachgerecht in Schachteln verpackt, können aber dank der Lagerung in den Kisten bei einer möglichen neuen Katastrophe sehr leicht transportiert und damit gerettet werden. Das Gleiche gilt für die Bücher unserer historischen Klosterbibliothek.

Auch in unserem klösterlichen Alltag nutzen wir diese Kisten, zum Beispiel, wenn uns Gruppen besuchen, denen ich eine Präsentation über das Kloster oder einen Fernsehbeitrag zeigen möchte. Da kann ich alle nötigen Utensilien in eine solche Kiste hineinpacken: den Beamer, den Laptop, das Verlängerungskabel und die Lautsprecher. So muss ich den Weg nur einmal gehen und nicht für jedes Teil einzeln laufen.

Als ich nach meinem Studium von Fribourg nach Sarnen zurückkehrte, war ich froh, in diesen Kisten meine Sachen verstauen zu können, denn in drei Jahren sammelt sich so manches an. Aber auch für das Räumen im Kloster werden sie gebraucht. Sie sind handlich und lassen sich gut tragen.

Zudem lagert in ihnen das Material für das Restaurierungsatelier. Das wird jeweils für die Praktika der Studentinnen der Hochschule der Künste in Bern in einem Raum des Klosters eingerichtet. Die Praktika dauern jeweils fünf Wochen, und für die übrige Zeit werden die Einrichtungsgegenstände in den Kisten aufbewahrt.

Die grünen Kisten erleichtern also in mancher Hinsicht unseren Alltag. Einen Bezug zwischen dem Alltäglichen und Religiösen zu schaffen, das erwartet der heilige Benedikt von seinen Mönchen und Nonnen. So mahnt er sie im 31. Kapitel seiner Regel, dass alle Geräte und der ganze Besitz des Klosters wie heiliges Altargerät zu betrachten sei.

Fern der Welt – aber nicht weltfremd

Wir leben zwar äußerlich getrennt vom Geschehen in der Welt. Innerlich fühlen wir uns aber damit verbunden. Dies zeigt sich auch darin, dass wir beispielsweise an Wahlen und Abstimmungen teilnehmen.

Bei Sachgeschäften informieren wir uns über das Pro und Contra der Vorlage. Stehen Wahlen an, versuchen wir, uns über das politische Profil der Kandidatinnen oder Kandidaten Klarheit zu verschaffen. Im Hinblick auf die eidgenössischen Wahlen informiere ich mich zusätzlich bei einem Regierungsrat über Hintergründe, Parteien und Kandidaten, denn Wahlen sind für mich in Obwalden zur Qual geworden, weil nur wenige Parteien und Kandidatinnen oder Kandidaten in unserem kleinen, 35.000 Einwohner zählenden Kanton zur Auswahl stehen. Daran habe ich mich als gebürtige Sankt Gallerin noch nicht recht gewöhnen können, da in diesem Kanton ungefähr 470.000 Einwohner leben.

Mein Interesse am politischen Geschehen geht bereits auf meine Kindheit zurück. Zwar war ich nie in einer Partei aktiv, verfolgte jedoch aus der Ferne das politische Geschehen. Dank dem Internet kann ich den Ausgang von Abstimmungen und Wahlen optimal verfolgen. Als im Frühjahr 2008 die Wahlen für den Zürcher Regierungsrat stattfanden, wartete ich mit Spannung auf das Ergebnis der Auszählung. Immer wieder war ich Gast der Website des Kantons Zürich. Eine Mitschwester, die mich dabei beobachtete, meinte: »Das ist ja genauso spannend wie ein Fußballspiel!«

Den Stimmzettel für die eidgenössischen Wahlen und für die Abstimmungen bringe ich jeweils ausgefüllt ins Büro unserer Äbtissin. Früher gingen wir am Sonntag noch selbst zur Urne. Seit die Möglichkeit zur Briefwahl besteht, nutzen wir sie. Die Abstimmungsumschläge werden gesammelt und dann rechtzeitig bei der Gemeinde abgegeben.

Vor den Wahlen warte ich jeweils gespannt, ob die Person und Partei gewählt wird, für die ich selbst auch gestimmt habe. Deshalb verfolge ich an den Abstimmungswahlsonntagen auch via Internet den Ausgang des Ganzen. Unabhängig davon, wer gewinnt: verbunden damit ist die

Hoffnung, dass immer das Wohl der Gemeinschaft im Vordergrund stehen wird.

»Von der Einberufung der Schwestern zum Rat«

Eine demokratische Wahl ist für uns Schweizerinnen und Schweizer heute eine Selbstverständlichkeit. Das war zur Zeit des heiligen Benedikt, der im 6. Jahrhundert lebte, nicht der Fall. So erstaunt es, dass er nach seiner Regel für die Wahl des Vorstehers die ganze Gemeinschaft zusammenrufen und diese entscheiden lässt, wer ihr vorstehen soll.

Dieses Vorgehen gilt bis zum heutigen Tag. Jede Mitschwester, die die feierliche Profess abgelegt hat, wählt ihre Vorsteherin. Dabei wurde von der Föderation der Nonnenklöster in der Schweiz festgelegt, dass Schwestern, die das 30. Lebensjahr vollendet haben, wählbar sind. Ansonsten gibt es keine weiteren Einschränkungen. Das 64. Kapitel der Regel Benedikts weist auf die gemeinsame Verantwortung der Mitglieder des Klosters bei einer Wahl hin, denn dort steht: »Bei der Einsetzung eines Abtes gelte immer als Leitlinie, dass der bestellt wird, den sich die ganze Gemeinschaft einmütig, in Gottesfurcht oder dann ein auch noch so kleiner Teil der Gemeinschaft aufgrund einer wirklich gesunden Einsicht wählt.« Und: »Wer es wegen Lebensführung und Lehrweisheit verdient, den wähle man, damit er eingesetzt werden kann.«

Ergänzend dazu listet das folgende Kapitel die Eigenschaften auf, die ein Abt beziehungsweise eine Äbtissin besitzen sollte. Dabei ist zu beachten, dass sich der Titel »Abt« vom aramäischen Wort »Abba« ableitet, das Jesus als Anrede für seinen Vater im Himmel verwendete und das seine Vertrautheit mit diesem zum Ausdruck bringt. So erinnert der Regelschreiber den Abt, dass er im Kloster an die Stelle Christi tritt und wie dieser den Umgang mit den ihm Anvertrauten zu pflegen hat. Keine leichte Aufgabe. Ich beneide unsere Äbtissin nicht darum, gilt es doch, das Wohl des Ganzen nie aus dem Blick zu verlieren.

Obwohl aber dem Abt beziehungsweise der Äbtissin die Vollmacht gegeben ist, Entscheidungen zu fällen, will unser Ordensgründer, dass die Klostergemeinschaft zusammen nach Lösungen sucht. Einmal im Monat treffen wir Schwestern uns deshalb zum Kapitel (Zusammenkunft aller Klostermitglieder). Dort hält unsere Äbtissin zuerst eine Ansprache zu einem von ihr gewählten Thema. So sprach sie beispielsweise einmal zum Thema »Gerufen zum Gehorsam«. Sie betonte dabei den Aspekt des gegenseitigen Aufeinander-Hörens. Sind wichtige Themen zu besprechen, nehmen wir uns danach die nötige Zeit dazu. Die Palette der zu behandelnden Fragen ist groß und reicht von einer Änderung in unserem Tagesplan bis hin zum Landverkauf.

Wir jüngeren Mitschwestern freuen uns immer wieder über einen Satz aus dem dritten Kapitel der Regel und mahnen seine Anwendung an. Dort meint der heilige Benedikt: »Dass aber alle zur Beratung zu rufen seien, haben wir deshalb gesagt, weil der Herr oft einem Jüngeren offenbart, was das Bessere ist.«

Auch Nonnen haben Parkplatzprobleme

Unser Alltag findet nicht nur hinter den Klostermauern statt. Manchmal geht es auch auf Reisen, was uns Abwechslung in unseren klösterlichen Alltag bringt. Bei einem dieser Ausflüge folgte ich zusammen mit Mitschwestern der Einladung nach Chur zur feierlichen Einweihung der Orgeln in der Kathedrale. Von dort aus wollte ich dann weiter nach Fribourg, wo ich Theologie studiert habe. Das Ganze glich am Ende einer kleinen »Tour de Suisse«.

Die Autofahrt verlief ohne Probleme. In Chur angekommen, erwies sich die Parkplatzsuche als ziemlich schwierig. Die Kathedrale selbst fanden wir leicht. Ihr Turm wies uns den Weg. Da es ziemlich kalt war, nahmen wir unsere Plätze bereits eine halbe Stunde vor Beginn der Feierlichkeiten ein. Die verbleibende Zeit nutzte ich, um mir die frisch restaurierte Kathedrale genau anzuschauen. Das Eintreffen und Begrüßen der Gäste ließ ein stilles Verweilen im Kirchenraum leider nicht zu.

Der Einzug der Domherren und der Bischöfe wurde von der Hauptorgel mit einem festlichen »Trompet Air« begleitet. Dem Begrüßungswort des Bischofs folgten eine Ansprache der Stifterin der Orgel sowie Erläuterungen der beiden Orgelbauer. Dazwischen boten die Organisten eine willkommene Abwechslung. Da ich ja selbst auch Orgel spiele, interessierte ich mich vor allem für die »Königin der Instrumente« sowie deren unterschiedliche Klangfarben.

Den Mittelpunkt der Feierlichkeiten bildete die Orgelvesper. Die Vesper, das offizielle Abendgebet der Kirche, ermöglichte ein harmonisches Zusammenspiel der verschiedenen Akteure. So erklangen abwechselnd die neue Hauptorgel und ihre kleine »Schwester«, die Chororgel. Dies verbunden mit dem Gesang des Churer Domchores, einer kurzen Lesung, einer Ansprache des Bischofs sowie dem Gesang der Gäste ließ die Zeit schnell verstreichen. In der Ansprache des Bischofs fiel mir folgender Gedanke auf, der mich regelrecht traf: »Gott, du bedarfst nicht unseres Lobes, es ist ein Geschenk deiner Gnade, dass wir dir danken.« Für Ablenkung von der Andacht sorgten lediglich die anwesenden Fotografen: Sobald der Gesang der Gemeinde einsetzte, waren sie zur Stelle, um den Bundesrat, der ebenfalls der Feier beiwohnte, aufs Bild zu bannen.

Der Empfang nach der Orgelvesper rundete die Festlichkeiten ab. Ich nutze die Gelegenheit, Bekannte zu begrüßen und neue Kontakte zu knüpfen. So freute ich mich sehr darüber, dass ich mit dem alten und dem neuen Bischof von Chur ein paar Worte wechseln konnte. Aber der Blick auf die Uhr ermahnte mich, an die Weiterreise zu denken. Mir stand nämlich noch eine dreistündige Zugfahrt von Chur nach Fribourg bevor. Müde, aber glücklich erreichte ich mein Ziel, Gott dankend für das Geschenk dieses Tages.

Generationen unter einem Dach

Bei uns im Kloster leben mehrere Generationen unter einem Dach. So blickt meine älteste Mitschwester auf 99 Lebensjahre zurück, und die jüngste zählt 34 Jahre. Zu Beginn meines klösterlichen Lebens benötigte ich einige Zeit, mich an diese Situation zu gewöhnen. Aber in der Zwischenzeit habe ich diese Art des Zusammenlebens zu schätzen gelernt. Dazu gehört, dass ältere Mitschwestern auch im hohen Alter bei uns bleiben können, statt dass wir sie in einem Alters- oder Pflegeheim unterbringen. Denn oft höre ich von alten, pflegebedürftigen Menschen, dass die Gesellschaft sie kaum mehr wahrnimmt, sie nicht mehr als zugehörigen Teil versteht. Sie kommen sich deshalb unnütz vor und fühlen sich alleingelassen.

Wir hingegen integrieren die älteren Mitschwestern so gut wie möglich in den Arbeitsprozess. So helfen sie beim Schneiden und Herrichten von Gemüse oder Obst. Ebenso gehören das Aufkleben von Briefmarken, das Stempeln der Couverts oder andere kleinere Dienste zu den Arbeiten, die sie übernehmen. Die Entscheidung, eine Ruhepause einzulegen, ist ihnen aber selbst überlassen. Grundsätzlich versuchen wir, allen zu ermöglichen, im vertrauten Umfeld alt zu werden und auch in diesem zu sterben. Es gab auch den Fall, dass wir mit der Pflege einer Mitschwester überfordert waren. Dann fanden wir ein anderes Kloster, das über eine eigene Pflegeabteilung verfügt. So lebte sie dort bis zu ihrem Tod, gut betreut und aufgehoben in der Gemeinschaft.

Trotz des geregelten Tagesablaufes übernimmt manchmal die Hektik die Regie in meinem klösterlichen Alltag. Wenn ich dann die Gelassenheit meiner älteren Mitschwestern sehe, hilft mir das oft, alles etwas ruhiger anzugehen. Vor Gott zählt nicht allein die Leistung, die wir erbringen. Für ihn sind wir als Menschen wichtig, und von ihm haben wir als sein Ebenbild unsere Würde erhalten. Daneben sind mir meine Mitschwestern auch Lehrmeisterinnen der Dankbarkeit, und dies für die kleinsten Dinge im Alltag. Schenke ich ihnen bei einer Begegnung oder Hilfestellung ein Lächeln, erhalte ich stets ein dankbares »Vergelt's Gott« als Antwort.

So sehr ich das Zusammenleben mit meinen älteren Mitschwestern als Bereicherung empfinde, möchte ich aber gleichzeitig den Austausch und das Zusammensein mit meinen gleichaltrigen Mitschwestern nicht missen. Denn erst im Zusammenspiel aller Generationen ergibt sich eine gute Balance für alle.

Hohes Alter im Kloster

Ein Sprichwort besagt, man solle Feste feiern, wie sie fallen. Daran halten wir uns auch im Kloster. Normalerweise feiern wir aber den Namenstag und nicht die Geburtstage. Ausnahmen bilden runde sowie ganz hohe Geburtstage. Diese werden gebührend gefeiert.

Einer dieser Anlässe war der 99. Geburtstag unsere Schwester Gertrud. Sie trat damit ins 100. Lebensjahr ein. Es scheint, dass das Leben im Kloster eine gute Basis ist, um ein hohes und erfülltes Alter zu erreichen.

Wenn ich mir die Lebensdaten von Schwester Gertrud anschaue, löst das in mir Bewunderung aus. 1909 geboren, verbrachte sie eine glückliche Kindheit, die jedoch durch den frühen Tod ihres Vaters überschattet war. Nach der Ausbildung zur Primar- und Sekundarstufenlehrerin wirkte sie an verschiedenen Orten in ihrem erlernten Beruf. Sie schreibt in ihrem Lebenslauf: »Trotz allem Angenehmen fühlte ich die starke Sehnsucht, in ein Kloster einzutreten, um mich ganz Gott zu weihen.« Das führte endlich zu ihrem Eintritt in unsere Gemeinschaft im Jahr 1932. Vier Jahre später übernahm sie von einer Mitschwester den Schuldienst: Zuerst in der sechsten und siebten Mädchenklasse, dann in der Sekundarstufe in Sarnen. Nach dem altersbedingten

Rückzug aus der Schule vertiefte sie sich ins Orgelspiel, um der Gemeinschaft dadurch zu dienen. Das musste sie 2005 aufgeben, weil das Hochwasser auch die Orgel des Klosters zerstört hatte.

Zudem ließ im Alter auch ihr Gehör nach. Trotz dieser Schwierigkeiten ließ sie es sich nicht nehmen, unser Chorgebet zu begleiten. Das Gemeinschaftsleben verfolgt sie noch immer mit regem Interesse. Daher ist es ihr sehr willkommen, wenn man ihr schriftlich mitteilt, was geschehen ist. Ein dankbares Strahlen ist einem dann gewiss. Kürzlich meinte sie, dass es ihr das größte Opfer sei, dass sie mit 99 Jahren nicht mehr alleine spazierengehen könne, denn sie möchte doch so gern drei- bis viermal am Tag nach draußen gehen und sich ein wenig bewegen. Bis vor Kurzem gehörte am Sonntagnachmittag der Jass (ein Kartenspiel) mit Mitschwestern zu ihrem Programm.

»Das Klosterleben schenkte mir das, was ich schon in meiner Jugendzeit ersehnte«, schreibt Schwester Gertrud. Und: »Wohl gab es Schwierigkeiten und Kämpfe, die keiner Schwester erspart bleiben. Doch der Herr, allmächtig und gütig, schenkte mir einen tiefen inneren Frieden. Ihm sei Dank und Preis in Ewigkeit.«

Lebensraum Garten

Was für viele Hobbygärtner zu Recht ein Freizeitvergnügen ist, hat für uns eine lebenswichtige Bedeutung: das Arbeiten in unserem Garten. Dank ihm sind wir praktisch Selbstversorger, was Gemüse und Früchte angeht. Dementsprechend richtet sich auch unser Speiseplan nach den Erträgen des Klostergartens. Das war am Anfang gewöhnungsbedürftig, aber heute ist die Vorfreude, bald ein Lieblingsgemüse auf dem Teller zu haben, immer ein bisschen wie Weihnachten für mich. Natürlich gibt es hin und wieder Engpässe, sodass wir unsere Ernte mit gekauftem Obst und Gemüse ergänzen müssen.

Für den Garten trägt eine Mitschwester die Verantwortung. Sie wird teilweise von Angestellten bei der Arbeit unterstützt. Beim Ernten der reifen Früchte erhält sie weitere Hilfe von uns jüngeren Schwestern. Dieser Ausgleich tut mir gut und macht mir Spaß, vor allem dann, wenn ich dabei zusammen mit der Gartenschwester am Steuer unseres Mini-Traktors über die Klosterwiese flitzen kann. Die Vielfalt ist enorm und reicht von Beeren, Äpfeln, Trauben und Pflaumen bis hin zu verschiedenen Salaten, Rosenkohl, Roter Bete, Peperoni und Knoblauch.

Unseren Klostergarten nennen die Dorfbewohner gern die »grüne Lunge« von Sarnen, da er sich mit einer Größe von rund 1,5 Hektar beinahe mitten im Dorf erstreckt. Er dient uns Schwestern auch als Erholungsraum.

Wie ich, die allmorgendlich ihre Runden im Klostergarten dreht, nutzen auch meine Mitschwestern diese Gelegenheit für einen Spaziergang. Zudem laden drei kleine Kapellen zum stillen Beten und Verweilen ein. Diese sind der Muttergottes, dem heiligen Josef und dem heiligen Bruder Klaus geweiht. Manchmal halten wir Schwestern gemeinsam eine Prozession ab und bitten Gott um seinen Segen für Feld und Flur. Den Beistand Gottes zum Gedeihen der Pflanzen erlebte ich spürbar zu Beginn meines klösterlichen Lebens, als ich viel im Garten arbeitete. Erst hier lernte ich auch, wann welches Gemüse oder welche Frucht Saison hat.

Der Garten bietet auch anderen Lebewesen Lebensraum. So brachte uns das Hochwasser im Jahr 2005 ungewöhnliche Feriengäste: Die Zwerggeißen unseres Pächters verloren ihre Unterkunft und fanden bei uns ein neues Zuhause. Unsere neuen Mitbewohner schlossen wir sehr schnell ins Herz. Da war der Entschluss, eigene Zwerggeißen anzuschaffen, schnell gefasst. Ihre Lebensfreude und Neugier begeistern auch die älteren Mitschwestern. Zudem bevölkern acht Hühner und zwei Katzen unser Kloster sowie zahlreiche Vogelarten, die in unseren Bäumen nisten.

Manchmal nehme ich es als Selbstverständlichkeit, einen so fruchtbaren Garten und so schönen Lebensraum zur Verfügung zu haben. Erst eine kürzere oder längere Abwesenheit zeigt mir dann immer wieder, dass wir das »Paradies auf Erden« unser Eigen nennen dürfen.

Erntezeit

Die Sommer- und Herbstmonate sind für uns im Kloster Erntemonate. Ich staune jedes Jahr aufs Neue über die reichen Erträge, die wir heimbringen können. Der Segen Gottes über unserem Land lässt in mir immer wieder Dankbarkeit aufsteigen.

Ich liebe nichts mehr, als mir von den Bäumen im Garten bei meinen Spaziergängen einen Apfel oder eine Birne zu pflücken oder mich an den Tomatenstauden zu bedienen. Hinter dieser üppigen Ernte steckt der große Arbeitseinsatz meiner jüngsten Mitschwester. Die Organisation des Gartens liegt in ihren Händen. Im Frühjahr gilt es, den richtigen Zeitpunkt der Aussaat zu treffen und dann den günstigsten Augenblick zum Setzen zu wählen. Wir helfen ihr, soweit es unsere anderen Aufgaben erlauben. Zudem setzen wir unsere Angestellten auch im Garten ein.

All das Gemüse und Obst muss nach dem Ernten jedoch auch fachgerecht gelagert beziehungsweise verarbeitet werden. Das Herrichten des Gemüses erledigen wir dann meist zusammen. Das geht einfach schneller, und so können größere Mengen eingefroren werden, die uns als Vorrat für die Wintermonate dienen. Ich weiß nicht, wie viele Kilogramm Bohnen, Blumenkohl, Kohlrabi etc. wir bereits in unserer Tiefkühltruhe versorgt haben. Da wir manchmal mit dem Essen und Verarbeiten nicht nachkommen, verschenken wir unseren Überfluss an andere Klöster, die wegen ihrer geographischen Lage keinen solchen »Paradiesgarten« haben.

Wenn unser Obst Hagelschäden hat, erschwert das die Lagerung, denn eine lange Aufbewahrung ist so nicht möglich. Es muss dann anders verarbeitet werden. Vieles geben wir Herstellern von Apfelsaft. Normalerweise beginnt der Bauer, der eine Mosterei betreibt, aber erst im September damit. So übergeben wir in der schwierigen Phase zwischen dem Beginn der Ernte und dem Mosten die kleinen Äpfel unserem Pächter, der diese dann seinen Kühen verfüttert. Den Apfelsaft sterilisieren wir bei uns im Kloster und servieren ihn gerne unseren Gästen, aber auch wir Schwestern können uns bei jedem Mittagessen davon bedienen. In den ersten Jahren meines klösterlichen Lebens stellten wir unseren

Süßmost noch selbst her. Diese Arbeit habe ich trotz der Anstrengung, die damit verbunden war, sehr geliebt. Wir gaben dies leider auf, aber der Aufwand und der Ertrag bei unserer alten Presse standen in keinem Verhältnis zueinander.

Manchmal plagen uns die gleichen Sorgen, die viele Obstbauern in einigen Kantonen der Schweiz auch haben. Mit Entsetzen stellten wir beispielsweise bei einem unserer Apfelbäume Feuerbrand fest. Der zuständige Experte bestätigte das. Nach dem Ernten der reifen Früchte wurde der Baum zusammen mit dem Quittenbaum gefällt. Das soll die Verbreitung dieser Krankheit verhindern, und wir hoffen sehr, dass diese Maßnahme die übrigen Bäume schützt.

Neben dem Gemüse und dem Obst pflanzen wir auch Blumen an. Viele benötigen wir für den Blumenschmuck in unserer Klosterkirche. Als ich mir in einem Jahr die Sonnenblumen ansah, dachte ich, dass diese Blumen ein Symbol für uns Menschen sind, denn wie sie sich der Sonne entgegenstrecken, so sollten wir Menschen uns auf Gott einlassen.

Eintauchen in die Welt der Musik

»Träume sind Schäume!« Das Gegenteil dieses viel zitierten Sprichworts erlebte ich zu Beginn meines klösterlichen Lebens: Aus Angst, dass es mir in dem neuen Alltag langweilig werden könnte, ermöglichte mir die Gemeinschaft Klavier-, später dann Orgelunterricht. Das Eintauchen in die Welt der Musik eröffnete mir neue, bis dahin unbekannte Horizonte – und ein Traum wurde Wirklichkeit.

Diese Welt erweiterte sich noch, als mir die Betreuung unserer Musikbibliothek übertragen wurde, die meine Vorgängerin aus Altersgründen abgeben wollte. Bald bemerkte ich, dass ich Hilfe benötigte, um mich in dieser Notensammlung zurechtzufinden, denn unsere historische Musikbibliothek ist nach Einsiedeln, Engelberg und Beromünster die viertgrößte in der Schweiz. Zudem zeigte sich, dass nicht alle Musikalien inventarisiert worden waren. Das erschwerte die Arbeit erheblich. Deshalb nahm ich Kontakt mit einer Arbeitsstelle zur Erfassung musikalischer Quellen in der Schweiz auf, mit deren Hilfe ich den Bestand in unserem Kulturgüterschutzraum ordnen konnte. Als dieser im Jahr 2005 überflutet wurde, kamen auch die Manuskripte und Drucke zu Schaden. Im Zuge der Restaurierung werden nun auch die Quellen erfasst, was mir meine

Aufgabe wesentlich erleichtern wird, wenn unsere Musikbibliothek der Öffentlichkeit wieder zur Verfügung steht.

Ich habe Freude an dieser Sammlung. Sie ermöglicht mir, die musikalische Tradition meiner Gemeinschaft besser kennenzulernen. Meine Mitschwestern haben zusammen mit den Mitbrüdern des Klosters Engelberg im 18. Jahrhundert systematisch musikalische Quellen gesammelt. Darunter befinden sich unter anderem Werke von Giovanni Battista Sammartini, Carl Philipp Emmanuel Bach, aber auch Unikate wie der »Dialogus amorosus inter Divinum Sponsum et Divinam Sponsam« des Zisterziensers Johann Evangelist Schreiber (1716 bis 1800). Zudem sind auch Werke des Engelberger Klosterkomponisten Pater Wolfgang Iten (1712 bis 1769) vorhanden, der über längere Zeit als Spiritual in unserem Kloster wirkte. Das musikalische Schaffen dieses vielseitig begabten Mannes umfasste zum größten Teil Werke für die Gottesdienste sowie für weltliche Festlichkeiten, von denen zahlreiche uns Schwestern von Sankt Andreas in Sarnen gewidmet sind. Dazu zählt unter anderem auch die Weihnachtsmusik, die wir an einem Sonntag im Advent in unserem Gottesdienst zum Lob Gottes und zu unserer Freude zu Gehör bekamen. Die sechs Musikerinnen und Musiker spielten dabei von Noten, die nur handschriftlich vorlagen.

Dass wir dieses Werk sozusagen aus seinem Dornröschenschlaf aufwecken konnten, löste in mir und meinen Mitschwestern bei seiner Aufführung Empfindungen aus, die sich nicht in Worte fassen lassen. Eine bessere Einstimmung auf das Geburtsfest Christi hätte ich mir nicht vorstellen können.

Nasse Füße

Seit Juni 2007 erklingt in unserer Klosterkirche unsere neue Orgel. Das alte Instrument bekam beim Hochwasser 2005 »nasse Füße«, und wir Schwestern entschieden uns dann nach Rücksprache mit Experten für eine neue. Eine Orgel ist für mich ein wahres Kunstwerk und wird nach meiner Meinung zu Recht als »Königin der Instrumente« bezeichnet.

Es stecken in unserer neuen Orgel ungefähr 5000 Arbeitsstunden. In Handarbeit erstellten die Handwerker 1239 Pfeifen in 20 Registern, die nun zum Lobe Gottes erklingen. Davon wurden 96 Pfeifen aus Holz aus der Vorgängerorgel übernommen. Die größte Pfeife misst 2,95 Meter und die kleinste 18,4 Zentimeter. Wir Schwestern verfolgten die Arbeiten an diesem Instrument mit großer Spannung. Das fand ich einfach toll, denn ich spürte eine große Verbundenheit mit dem Werk, das im Entstehen war. Die Freude daran zeigte sich auch bei unserem Ausflug zur Orgelbaufirma. Dort zeigte man uns Schritt für Schritt, wie eine Orgel entsteht: von der Planung bis hin zur Fertigstellung. Das alles erfüllt mich immer wieder mit Staunen, denn jedes Detail muss genau stimmen, sonst gibt es beim Spielen Probleme.

Das erfuhr ich erst kürzlich. Gerne probiere ich unterschiedliche Möglichkeiten aus, wie ein Orgelstück gespielt werden kann. Bei einer etwas ungewöhnlichen Registrierung ertönte plötzlich auf einem Manual eine Pfeife aus dem Pedal. Ich traute meinen Ohren nicht! Ein mehrmaliges Spielen bestätigte aber das Malheur. Zwei Tage nach dem Anruf beim Orgelbauer behob er diesen diesen kleinen, etwas ungewöhnlichen Konstruktionsfehler und brauchte dafür mehr Zeit als geplant. Daher fragte er mich mit einem Augenzwinkern, ob ich noch mehr solcher Fehler gefunden hätte.

Nun steht dem Spielen nichts mehr im Weg. Mit dem Instrument begleite ich unser Chorgebet. Obwohl die Melodien einfach sind, braucht man zum Spielen hohe Konzentration, denn unsere Vesper (das Abendgebet) dauert ungefähr eine halbe Stunde. Bei mir besteht dann die Gefahr, dass ich einschlafe, wenn ich etwas müde bin, und im Schlaf die gesungenen Psalmen begleite. Ein falscher Griff oder Ton kann aber den gesamten Chor durcheinanderbringen.

Außer bei der Begleitung unseres Gebets kommt die Orgel in den Gottesdiensten mit Menschen von außerhalb des Klosters zum Einsatz. Am Eidgenössischen Dank-, Buß- und Bettag fand einmal ein Gottesdienst statt, in dem ich auf der Orgel mit einem Alphornduo zusammen spielte. Ich übte fleißig im Vorhinein. Das Notenbild sah zwar einfach aus, hatte aber dennoch seine Tücken. Sechs Vorzeichen waren beim Spielen zu berücksichtigen, was gewöhnungsbedürftig ist. Beim Üben kam ich mir wieder wie eine Anfängerin vor, und so blieb mir nichts, als weiter und immer wieder zu üben. Wenn mir das hin und wieder schwerfällt, rufe ich mir die Worte meines verstorbenen geistlichen Vaters in Erinnerung, der meinte: »Ein gesprochenes Gebet ist einmal gebetet. Ein gesungenes Gebet doppelt, aber die Orgel zu spielen heißt, dreimal gebetet zu haben!«

Hitliste der Frauennamen

Jedes Jahr wird eine Rangliste der beliebtesten weiblichen Vornamen veröffentlicht. Der Name wird das Kind bis an sein Lebensende begleiten und kann sogar zu so etwas wie einen Lebensprogramm für diesen Menschen werden. Das Gleiche gilt auch für den klösterlichen Namen. Auch hier zeigt sich eine Art »Rangliste« der beliebtesten Namen. Nach unserem Nekrologium (ein Buch, in dem die Namen der verstorbenen Schwestern aufgeschrieben sind) war im Mittelalter der Name Ita der absolute Hit. Auch in den darauffolgenden Jahrhunderten stand dieser Name vor Judinta, Berchta und Anna unangefochten an der Spitze.

Früher erhielten die Schwestern meistens von den Oberinnen des Klosters ihren neuen Namen zugeteilt. Sie erfuhren ihn kurz vor ihrer Profess. Bei der Auswahl waren verschiedene Punkte ausschlaggebend: Einerseits sollte er mit dem Orden in Zusammenhang stehen, also zum Beispiel Benedicta von Benedikt, unserem Ordensgründer, oder Scholastika nach dessen Schwester. Andererseits erfreuten sich Namen, die auf die Geschichte unseres Klosters Sankt Andreas zurückgehen, großer Beliebtheit. Dazu zählen Andrea, Agnes und auch Ita. Oder es bestimmte die Region, aus der die Nonne stammte, mit ihren Patronen den Namen.

Heute hat sich die Situation wesentlich verändert. Im Gespräch wird ein möglicher Name für die »neue« Schwester gesucht. Zudem ist es tendenziell so, dass der bei der Taufe erhaltene Namen beibehalten wird. Ich erinnere mich noch gut daran, wie eine ganze Litanei von Namen für mich gesammelt wurde. Letztlich entschied ich mich für Rut, was »die Freundin« bedeutet, und ich bereue die Wahl bis heute nicht.

Wie bedeutsam Namen und deren Trägerinnen sind, wird darin deutlich, dass nach dem Mittagessen auch aus dem Nekrologium gelesen wird. Dabei erinnern wir uns unserer verstorbenen Mitschwestern seit der Gründung unseres Klosters im Jahr 1120. Wir lesen das Todesjahr und den Namen der Verstorbenen vor, zum Beispiel: »Gedenken wir auch unserer verstorbenen Mitschwestern. Aus unserer Klosterfamilie ist am heutigen Tage gestorben: im Jahr 2007 Schwester Lioba Ackermann.« Da durch den Klosterbrand im Jahr 1449 Dokumente im Archiv vernichtet wurden, ging bei vielen Mitschwestern das Todesjahr verloren, und wir wissen nur noch ihren Todestag.

Mich fasziniert immer wieder diese Verbundenheit mit all jenen Frauen, die einmal zu unserer Gemeinschaft gehörten, denn jede Einzelne trug zum Fortbestand des Klosters und zur Verherrlichung Gottes bei.

Kleider machen Leute

Mit unseren Kleidern fallen wir innerhalb unseres Klosters nicht auf. Außerhalb der Mauern führen sie jedoch zu den verschiedensten Reaktionen. Das Spektrum der Fragen und Bemerkungen ist groß, wobei die der Kinder besonders originell sind: »Was bist denn du für ein komischer Pinguin?« oder »Wir haben doch noch nicht Fastnacht«, sind zwei Beispiele dafür.

Zentral ist hingegen die Frage über den Sinn und Zweck des Ordenskleides, wobei selbst die Regel des heiligen Benedikt keine wegweisende Antwort bereithält. Für ihn erfüllen die Kleider einen praktischen Zweck. So schreibt er im 55. Kapitel seiner Regel: »Die Kleidung, welche die Brüder erhalten, soll der Lage und dem Klima ihres Wohnorts entsprechen, denn in kalten Gegenden braucht man mehr, in warmen weniger.« Weiter liest man: »Bekommen sie etwas Neues, geben sie das Alte immer gleich ab; es wird in der Kleiderkammer für die Armen aufbewahrt.« Daraus schließe ich, dass die Kleidung der Mönche derjenigen der armen Leute entsprach.

Heute sieht die Situation ganz anders aus. Wir fallen mit dem, was wir anhaben, auf. Wir tragen ein schwarzes Unterkleid, auch Habit oder Kutte genannt, darüber dann das Skapulier und auf dem Kopf einen Schleier. Nach bald 16 Jahren in der Klostergemeinschaft sind diese für mich zu einem Zeichen des Zeugnisgebens geworden, und ich habe sie zu schätzen gelernt. Und dennoch: Das Tragen des Kleides allein genügt nicht, um Ordensfrau oder Ordensmann zu sein, denn dass der Schein auch trügen kann, zeigt auf eindrückliche Weise die Novelle »Kleider machen Leute« von Gottfried Keller.

Zum Nonnesein oder Mönchsein gehört mehr, nämlich der Entschluss, sein Leben Gott zu widmen. Es braucht die innere Einstellung zu den Gelübden und die tägliche Einübung in die Nachfolge Jesu. Der Vers im ersten Petrusbrief bringt es für mich auf den Punkt: »Seid stets bereit, jedem Rede und Antwort zu stehen, der nach der Hoffnung fragt, die euch erfüllt.«

Mein Ordenskleid löst manchmal unbequeme Fragen und unangenehme Bemerkungen aus, die mich herausfordern. Es führt aber auch zur Ausgrenzung. Das hat manchmal den Vorteil, dass ich im Zug ein Abteil für mich alleine habe. Dann sprechen die Gesichter für sich, und ich kann ein Schmunzeln nicht unterdrücken. Sollten wir uns einmal begegnen, gilt das Motto: »Sprechen Sie mich doch bitte an, denn ich bin ein Mensch wie jeder andere auch!«

Pendlerin zwischen Welten

Ein Kloster ist ein beschaulicher Ort, frei von Hektik und Stress – denkt man. Aber das trifft nicht zu. Als ich zum einen Klosterschwester in Sarnen und zum anderen Studierende in Fribourg war, zeigte sich gerade für mich als »Pendlerin zwischen zwei Welten«, dass weder Beschaulichkeit noch Ruhe angesagt war.

Beispielhaft zeigt das eine Woche, wie ich sie schon erlebt habe: Am Dienstagmorgen traf ich mich im Rahmen meines Presseseminars mit dem Rektor der Universität Fribourg zu einem Gespräch. Gespannt und ziemlich nervös begab ich mich also zu meinem allerersten Interview. Das überstand ich Gott sei Dank gut – zugleich konnte ich viel davon profitieren. Darauf fuhr ich mit dem Zug zurück nach Sarnen, denn die Sitzung unseres Patronatskomitees für die Rettung der Kulturgüter, die vom Hochwasser 2005 stark beschädigt wurden, war auf 18.30 Uhr angesetzt. Die Hauptpunkte dieses Treffens waren jeweils der Stand der Arbeiten im Kloster bzw. der der Spendenkampagne sowie das weitere Vorgehen. Ich musste dabei Protokoll führen und über den Stand der Dinge im Zusammenhang mit dieser Rettungsaktion berichten.

Am nächsten Tag waren wir Gast in der Redaktion der NEUEN LUZERNER ZEITUNG. Hier konnten wir die Produktion einer Zeitung von A bis Z kennenlernen. Unglaublich, wie viele Arbeitsgänge koordiniert werden müssen, bis eine Zeitung druckfrisch vorliegt.

Wieder zurück in Fribourg, hatte ich einen Vorlesungsmarathon von 10 bis 16 Uhr, allerdings mit kleinen Zwischenpausen. Danach ging es wieder zurück nach Sarnen ins Kloster, denn am Freitagmorgen war eine Sitzung mit unserem Architekten und anderen Fachleuten anberaumt worden. Dabei ging es um die Einrichtung eines Netzwerkes im Kloster. Die alten Mauern bilden für ein Wireless LAN im Klosterareal ein fast unüberwindliches Hindernis. Dennoch benötigen wir für die Überwachung des Klimas an den provisorischen Unterbringungsorten unserer Kulturgüter das Internet für die Übertragung der Daten. Zum Abschluss dieses Tages erwartete mich der Zahnarzt, der mir einen Weisheitszahn zog. Davon bleibt man auch im Kloster nicht verschont!

Die Beschaulichkeit scheint bei diesem Programm auf der Strecke zu bleiben. Den klösterlichen Rhythmus mit seinen Unterbrechungen für das Gebet erlebe ich dabei als eine Stütze, um ein gesundes Gleichgewicht zwischen Aktivität und Kontemplation herzustellen. Für mich als Pendlerin zwischen zwei unterschiedlichen Welten war das ein nicht immer einfaches Unterfangen.

Aber auch heute versuche ich das Motto des heiligen Benedikt umzusetzen: So schreibt er im Kapitel über die Handarbeit der Mönche, dass in allem Gott verherrlicht werden solle.

Ungewollt im »Gefängnis«

Unser Kloster bietet nicht nur für uns Klosterfrauen Lebensraum. Neben unseren Hühnern und Zwerggeißen bringen unsere beiden Klosterkatzen Abwechslung und Bewegung in unser Leben.

Die ältere der beiden, ein Kater, Max genannt, stand eines Tages plötzlich in unserem Klostergarten. Max' eigentliches Zuhause liegt in der Nähe unseres Klosters. Vorerst ließ er sich nur sporadisch blicken. Er gewöhnte sich immer mehr an uns und blieb irgendwann für immer. Sichtlich verwöhnt von uns Schwestern, legte er einiges an Gewicht zu. Eines Tages verschwand er spurlos. Wir suchten ihn überall im Kloster. Mehrere Male durchkämmten wir die verschiedenen Gebäude des Klosters sowie die Keller – ohne Erfolg. Er blieb verschwunden. Nach drei Wochen gaben wir jegliche Hoffnung auf, ihn je wieder lebend zu sehen.

Und dann erhielten Elektriker den Auftrag, die Steckdosen im Kloster zu überprüfen. Diese baten uns, einen praktisch immer verschlossenen Raum zu öffnen. Dort erlebten sie eine große Überraschung: Max kam ihnen entgegen! Endlich hatte seine ungewollte Gefangenschaft ein Ende. Fast vier Wochen überlebte er dort ohne etwas zu essen und zu trinken. Als ich ihn nach der Befreiung sah und meine Entdeckung meinen Mitschwestern mitteilte, wollten sie es mir kaum glauben. Auf wackligen Beinen suchte er unsere Nähe. Jetzt ist er wieder ganz der Alte und geht seinen Lieblingsbeschäftigungen nach, zum Beispiel, unbemerkt ins Kloster zu schleichen.

Unsere jüngere Katze Amanda steht ihm in nichts nach. Verspielt, wie sie ist, kennt sie keine Gefahr. Sie nähert sich sowohl Max als auch dem zeitweilig im Kloster weilenden Hund ohne Scheu. Sie klettert auf Bäume und ist schlussendlich selbst überrascht darüber, wie hoch sie gestiegen ist. Dann miaut und klagt sie. Neulich wagte sie sich auf einen ziemlich dünnen Ast. Ihre Balancekünste versagten, und mit Mühe hielt sie sich mit den beiden Vorderpfoten fest. Ich konnte sie dann aus der unbequemen Lage befreien. Ihre Neugierde scheint grenzenlos zu sein. Steht eine Tür einen Spalt offen, schlüpft sie hinein, auch wenn es die Eingangstür der Klosterkirche ist. So erkundete sie diese einmal während des gemeinsamen Gebetes, und kein Winkel blieb ihr verborgen. Der Versuch, sie einzufangen, schlug zuerst fehl und endete damit, dass sie auf den Altar sprang. Schließlich floh sie so, wie sie gekommen war: durch eine offenstehende Tür.

Max und Amanda lassen sich kaum mehr aus unserem Gemeinschaftsleben wegdenken. Und dennoch bleibt unsere Gottsuche das Zentrum unseres Lebens. Dabei gilt die Weisung des heiligen Benedikt, nichts der Liebe zu Christus vorzuziehen.

Nonne im Fan-Trikot

Meine Leidenschaft für Fußball war schon als Kind groß. Damals nahm mich mein Vater mit auf den Fußballplatz. Als gebürtige Ostschweizerin erlebte ich mein erstes Spiel des *FC St. Gallen* im Berner Wankdorf gegen die *Berner Young Boys*. Die Begeisterung für den Fußball ist mir geblieben – auch nach meinem Eintritt ins Kloster. Meine Mitschwestern begegnen mir wegen dieser »Leidenschaft« mit einem Schmunzeln, aber sie lassen es dabei bewenden.

Meine Fußballbegeisterung blieb auch einem Religionslehrer nicht verborgen, der regelmäßig mit Schülerinnen und Schülern zu uns ins Kloster kommt. Um den Jugendlichen zu zeigen, dass auch hier ganz normale Menschen leben, bat er mich, etwas über Fußball zu erzählen. Dem Wunsch entsprechend baute ich in meine Power-Point-Präsentation Bilder des *FC St. Gallen* ein. Überrascht war ich dann über die anschließenden Fragen der Schülerinnen und Schüler – statt sich nach meinem klösterlichen Leben zu erkundigen, stand der Fußball dabei im Mittelpunkt.

Nun hatte ich gehofft, dass ich während der Europameisterschaft 2008, bei der die Schweiz ja einer der Gastgeber war, mehr Grund zum Jubeln haben würde. Um meine Mitschwestern mit dem Virus Fußball anzustecken, hätte es aber eine Superleistung unserer Nationalmannschaft und/oder eine feurige Predigt im Gottesdienst gebraucht. Beides blieb aus. Unauslöschlich hat sich bei mir eine Predigt anlässlich der Weltmeisterschaft in den USA eingeprägt. Unser damals über 80-jähriger Spiritual (spiritueller Begleiter einer Ordensgemeinschaft) schürte das Feuer. Basis seiner Ausführungen war ein Text der Bibel. Unter anderem schreibt Paulus im ersten Brief an die Gemeinde in Korinth: »Wisst ihr nicht, dass die Läufer im Stadion zwar alle laufen, aber dass nur einer den Siegespreis gewinnt? Lauft so, dass ihr gewinnt.« Die Folge davon war, dass meine Mitschwestern unbedingt ein wenig Fußball im Fernsehen anschauen wollten. Die Fußballbegeisterung war damals aber nur von kurzer Dauer. Es gelang mir auch während der Europameisterschaft 2008 nicht, bei ihnen wieder ein Feuer zu entfachen für den Fußball, aber ich verfolgte im rot-weißen T-Shirt die Schweizer Spiele im Fernsehen. Leider hat sich eine E-Mail-Schreiberin aus Deutschland nicht als Prophetin entpuppt, die uns gewünscht hatte: »Viel Glück, dass die Schweiz Europameister wird!«

Gemeinsam unterwegs

Unser Kloster besteht als selbständige Benediktinerinnenabtei. Dennoch spüren wir, dass der Austausch zwischen den einzelnen Klöstern uns hilft, für die anstehenden Probleme Lösungen zu finden, und das gemeinsame Unterwegssein bestärkt uns auf dem Weg, den wir eingeschlagen haben.

So suchten die schweizerischen Benediktinerinnenklöster, angeregt durch das Zweite Vatikanische Konzil, das gegenseitige Gespräch und gründeten benediktinische Föderationen. Da es aufgrund kirchenrechtlicher Bestimmungen nicht möglich war, alle 13 Klöster, die nach der Regel des heiligen Benedikt leben, zusammenzuschließen, wurden zwei Föderationen gebildet. Die Föderation, der unsere Gemeinschaft angehört, wurde 1976 von der Kongregation der Ordensleute in Rom gegründet, ein Jahr zuvor die der Schwesternklöster.

Der einen Föderation der Nonnenklöster gehören die Gemeinschaften in Müstair, Hermetschwil, Fahr, Seedorf, Au, Glattburg und Habstal (Deutschland) und unser Kloster an. Die Klöster Maria Rickenbach, Melchtal, Wikon und Ofteringen (Deutschland) bilden zusammen die Föderation der Schwesternklöster. Das Kloster Heiligkreuz bei Cham genießt bei uns Gastrecht, da sie wie wir die Regel des heiligen Benedikt ihrem klösterlichen Leben zugrunde legen.

Das offizielle Organ der beiden Föderationen, das sogenannte Föderationskapitel, trifft sich einmal im Jahr für drei Tage zu Besprechungen. Die Oberinnen der einzelnen Klöster sowie eine Delegierte aus jeder Gemeinschaft bilden das Kapitel, das dann jeweils in einem Kloster zu Beratungen zusammenkommt. Dies ist sicherlich ganz im Sinn des Ordensgründers, da er im dritten Kapitel seiner Regel dazu auffordert, in wichtigen Fragen die Brüder und Schwestern zum Rat zusammenzurufen.

Meine Mitschwestern wählten mich zur Delegierten unserer Gemeinschaft. So fuhr ich an einem Dienstag im Oktober 2008 zusammen mit unserer Äbtissin zum Kapitel ins Benediktinerinnenkloster Marienburg in Wikon. Bereits im Vorfeld der Tagung informierten uns die Berichte aus den einzelnen Gemeinschaften über die Geschehnisse seit der letzten Zusammenkunft. Am Tagungsort selbst erfuhren wir Genaueres über die Entwicklungen in verschiedenen Gremien und zu den Beschlüssen einiger Tagungen.

Einen weiteren Schwerpunkt bildete die Information über versicherungstechnische Fragen. Da das Versicherungswesen ständig komplizierter wird und wir uns wohl oder übel damit befassen müssen, waren wir dankbar, dass einige Fachleute anwesend waren, die uns auf Schwierigkeiten und Möglichkeiten hinwiesen. So zeigten sie uns Wege auf, wie sich Prämien im Bereich der Gebäude- und Haftpflichtversicherungen sparen ließen. Eine Mitschwester aus dem Benediktinerinnenkloster Heiligkreuz in Cham sprach über die Altersvorsorge für die jungen Schwestern in den Klöstern. Da die meisten von uns keinen Lohn beziehen, besteht keine Bindung an eine Pensionskasse, sodass wir nur den Pflichtsatz an Rente erhalten. Das verlangt, dass wir uns um eine Altersvorsorge für alle Mitschwestern kümmern.

Ein weiteres Thema war die Reduzierung von Krankenkassenprämien, denn die finanzielle Situation in den einzelnen Klöstern wird zunehmend schwierig, und es ist zu erwarten, dass sich das in den nächsten Jahren nicht erheblich verbessern wird.

Neben diesen wichtigen wirtschaftlichen und finanziellen Fragen gehört der Austausch über die alltäglichen Sorgen und Nöte auch zu diesen Zusammenkünften. Eine gute Gelegenheit dazu bieten die gemeinsamen Mahlzeiten und die Pausen zwischen den Arbeitseinheiten. Gestärkt und mit dem Bewusstsein, dass wir alle miteinander im Gebet verbunden bleiben, trat ich die Rückreise nach Sarnen an.

Grillwürste für die Mitschwestern

»Alle Fremden, die kommen, sollen aufgenommen werden wie Christus; denn er wird sagen: Ich war fremd, und ihr habt mich aufgenommen. Allen erweise man die angemessene Ehre, besonders den Brüdern im Glauben und den Pilgern.« So beginnt der heilige Benedikt das Kapitel über die Aufnahme der Gäste im Kloster. Die benediktinische Gastfreundschaft erhielt im Lauf der Geschichte sprichwörtlichen Charakter. Ein Programm, das verpflichtet und das nicht immer leicht in die Tat umzusetzen ist.

Besonderen Besuch erhalten wir immer, wenn unsere Mitschwestern der anderen benediktinischen Frauengemeinschaften der Schweiz bei uns zu Gast sind. Dazu wurde ein Begegnungstag ins Leben gerufen. Das gegenseitige Kennenlernen stand dabei im Vordergrund.

Als Gastgeber warteten im Vorfeld dieses Begegnungstages einige organisatorische Arbeiten auf uns. Da immer wieder größere und kleinere Gruppen bei uns zu Gast sind, haben wir darin aber bereits eine gewisse Routine. Gemeinsam überlegten wir die einzelnen notwendigen Schritte und teilten die Aufgaben zu. Eine Mitschwester kümmerte sich um das Backen. Zu dritt deckten wir den Mittagstisch, und ich stellte eine Präsentation unserer Klostergeschichte zusammen.

Gegen 10 Uhr trafen dann die 22 Gäste ein. Nach einer Stärkung im Besuchszimmer führte ich in unsere Klostergeschichte ein. Vor dem Mittagessen sangen wir gemeinsam in unserer Klosterkirche das Mittagsgebet. Trotz starken Regens brieten wir im Garten dann Würste und servierten dazu verschiedene Salate. Der Verdauungsspaziergang führte uns in den Klostergarten. Danach folgte eine Besichtigung der verschiedenen Räume im Kloster. Anschließend gab es frische Erdbeeren mit Schlagsahne zum Dessert in unserem Speisesaal. Vor dem Abschied lobten wir Gott im gesungenen Abendlob.

Ein anstrengender Tag neigte sich dem Ende zu. Glücklich sprachen wir mit den Jüngern im Evangelium: »Herr, bleibe bei uns, denn es will Abend werden, und der Tag hat sich geneigt.«

Spurensuche in der Vergangenheit

Eine Anfrage führte mich kürzlich zu einer besonderen Reise in die Vergangenheit: Das Grundbuchamt Sarnen wollte wissen, ob in unserem Archiv eine Stiftungsurkunde des Klosters vorliege. Diese Anfrage war eine echte Herausforderung, denn eigentlich, so jedenfalls dachte ich, kenne ich die Geschichte unseres Klosters gut. Doch die Spurensuche machte mir bewusst, dass dem nicht so war.

Fakt ist, dass im Grundbuch die Stiftung Frauenkloster Sankt Andreas als Eigentümerin des Klosters genannt wird. Nach einem klärenden Telefongespräch mit dem Stiftsarchivar des Klosters Engelberg wagten unsere Äbtissin und ich, unser Archiv zu durchforschen.

Tritt man in unser Archiv ein, das in einer kleinen Kammer untergebracht ist, fühlt man sich zuerst etwas eingeengt. Es gibt kaum Ablagemöglichkeiten, denn auf einer Kommode stehen zwei Heiligenfiguren, eine gotische Madonna sowie eine Statue des heiligen Bruder Klaus, und der kleine Tisch ist schnell mit Material bedeckt. Das »Inhaltsverzeichnis« des Archivs ist ein großes Buch. Unsere Suche blieb vorerst ergebnislos. Das scheint die Meinung des Archivars zu bestätigen, dass beim Titel »Stiftung Frauenkloster Sankt Andreas« ein anderes Stiftungsverständnis zugrundeliegt, als wir das nach dem Schweizerischen Zivilgesetzbuch gewohnt sind. Diese Aussage unterstützt folgendes Zitat aus dem Buch »Kunstdenkmäler des Kantons Unterwalden«: »Das Frauenkloster Sankt Andreas ist die uralte Stiftung, die im Mittelalter als ›unteres Kloster‹ in der Wetti in Engelberg bestand und die nach langen Unterhandlungen der Schirmorte und des Nuntius 1615 nach Sarnen verlegt ward.«

Auf unserer Suche stießen wir auf eine leere Schachtel. Wo war der Inhalt geblieben? Wir schauten in weiteren Schachteln nach, aber er blieb verschwunden. Nach einer Pause, bedingt durch unser Abendgebet, hatte unsere Äbtissin die zündende Idee. Sie öffnete einen Schrank und nahm die erste Reihe der Bücher heraus. Wie froh waren wir, die verschwundenen Dokumente in Händen zu halten!

Zudem konnte ich einen »Treffer« verzeichnen: In anderem Zusammenhang waren wir angefragt worden, ob wir alte Karten der Zentralschweiz besäßen, was wir verneint hatten. Jetzt stieß ich zufällig auf eine solche aus dem Jahr 1926.

Ich könnte mich stundenlang im Archiv aufhalten. So manches gibt es zu entdecken und zu erforschen. Was meinen Entdeckergeist eindämmt, sind die Dokumente aus dem 17. Jahrhundert, die für mich nicht lesbar sind. Noch ist unser Archiv in einem kleinen engen Raum untergebracht. Ich freue mich schon heute darauf, wenn der neue Aufbewahrungsraum für unser Kulturgut fertig ist, denn dort wird erstens genug Platz sein für die Unterlagen und zweitens wird es einen gut ausgerüsteten Arbeitsplatz geben.

»Hat Heimat für Sie eine Flagge?«

Der 1. August – überall wird er in der Schweiz gefeiert, und das auf die unterschiedlichste Art und Weise. Auch wir im Kloster nehmen diesen Tag zum Anlass, dem Alltag ein wenig zu entfliehen und am Schweizerischen Nationalfeiertag das gemütliche Zusammensein zu pflegen.

Es beginnt damit, dass wir unseren Tagesablauf anders als üblich gestalten. So eröffnen wir den Tag mit den Laudes (dem Morgengebet), das wir wie an Sonntagen auf 6.30 Uhr ansetzen, und dem Gottesdienst mit den Gläubigen von außerhalb des Klosters um 8 Uhr. Die Erfahrung zeigt uns, dass viele Gläubige diese spätere Gottesdienstzeit schätzen.

Während des Morgens laufen die Vorbereitungen für unsere klösterliche Feier auf Hochtouren. Ausnahmsweise nutzen wir nicht unseren Speisesaal zum Essen, sondern einen Saal in einem anderen Gebäude, der direkten Zugang zum Garten bietet. Dieser wird festlich dekoriert mit verschiedenen Accessoires wie Flaggen und Girlanden. Am Nachmittag kümmert sich eine Mitschwester um das Grillfeuer im Garten. Sie trägt dafür Sorge, dass die Würste rechtzeitig auf den Tisch kommen. Ich selbst stehe in der Küche und bereite das Gemüse mit verschiedenen Saucen vor. Eine andere Mitschwester besorgt die Zubereitung der Kartoffeln mit dem Raclette-Käse. Jede weiß, was sie zu tun hat; das ermöglicht dann auch einen pünktlichen Beginn unserer Feier um 18.30 Uhr. Damit wir ein bisschen länger feiern können, ziehen wir unser Nachtgebet, das normalerweise um 19.30 Uhr stattfindet, bereits auf den späten Nachmittag vor.

Zu unserer Feier laden wir jeweils unseren Spiritual sowie unsere Angestellten ein sowie jene, die uns nahestehen. Wir schätzen diesen Kontakt, denn im Alltag bleibt oft nicht viel Zeit für ein gemütliches Zusammensein. Einmal begrüßten wir zudem ein Ehepaar aus der Gegend um Luzern bei uns, das die Feier mit Alphornklängen bereicherte. Selbst unsere Seniorin mit ihren 99 Jahren lässt es sich nicht nehmen, mit uns den Nationalfeiertag zu begehen.

Zum 1. August gibt es zudem immer eine Ansprache. Seit mehreren Jahren sehe ich mich dafür verantwortlich. Stets bin ich auf der Suche nach neuen Ideen. Bei meinen Recherchen bin ich auf einen Fragebogen von Max Frisch gestoßen. Dort fragt er seine Leser: »Hat Heimat für Sie eine Flagge?« Was wäre wohl Ihre Antwort darauf?

Für mich persönlich macht eine Flagge noch keine Heimat aus. Vielmehr sind es für mich die Menschen in meiner Umgebung – wie meine Mitschwestern, die mich verstehen und mich unterstützen. Dies zu erleben, vermittelt mir das Gefühl von Heimat.

Bücherwurm

Bücher bedeuten für mich die Welt, und dies schon seit meiner Kindheit. Sie vermitteln mir neue Einsichten und regen meine Phantasie an. Ohne Bücher wäre für mich als »Bücherwurm« die Welt um vieles ärmer. Auch der heilige Benedikt legte großen Wert auf die Lektüre, und deshalb reserviert er gewisse Zeiten innerhalb des Tages für das Lesen.

Neue Einblicke in eine andere Bücherwelt erhielt ich im Kloster. Von unserer historischen Klosterbibliothek besaßen wir keinen wirklich guten Katalog. Deshalb entschieden wir uns in Zusammenarbeit mit einem Spezialisten für historische Buchbestände, einen solchen zu erstellen. Ich durfte bei dieser Arbeit mithelfen. Die Rubriken, die wir uns zum Inventarisieren überlegt hatten, reichen vom Namen des Autors, dem Titel des Buches, dem Erscheinungsdatum bis hin zu Besitzerhinweisen. Alle Daten erfasste ich dabei in einer Excel-Liste im Computer. Der Fachmann war zunächst sehr skeptisch, dass ich den Laptop dabei einsetzte. Nach zwei Tagen hatte sich aber die Vorgehensweise bewährt, und er meinte dann: »Sie werden mich schlussendlich noch ganz vom Einsatz des Computers überzeugen.«

Unsere Liste wuchs nur langsam. So zeigte sie nach zwei Tagen Arbeit gerade einmal 174 erfasste Bücher. Das hängt damit zusammen, dass manche Informationen nicht leicht zu finden sind. So muss man manchmal das Vorwort lesen, um einen Hinweis auf den Autor oder auch den Übersetzer des Werkes zu erhalten. Eine andere Schwierigkeit bilden die handschriftlichen Vermerke. Manche lassen sich ganz leicht entziffern, und für andere benötigt man viel Zeit. Unser Spezialist bediente sich dann häufig der Lupe, um die Buchstaben entziffern zu können. Ich selbst zog meine Brille ab, denn wegen meiner starken Kurzsichtigkeit sehe ich auf nahe Entfernung sehr gut. Auch die Suche nach den Abkürzungen der Ordensgemeinschaften verschlang viel Zeit, denn neben dem Namen des Autors geben wir in unserem Katalog auch an, wenn dieser einem Orden angehörte. Die geläufigsten Abkürzungen waren uns bekannt. So steht für die Benediktiner das Kürzel OSB (Ordo Sancti Benedicti) und für die Jesuiten SJ (Societas Jesu). Andere mussten wir aber in einem Abkürzungsverzeichnis nachschlagen.

Zudem galten für die alten Schriften nicht die gleichen Rechtschreibregeln, wie wir sie heute kennen. Das ist ein Trost für mich, denn manchmal findet man ein ziemliches Durcheinander in den verschiedenen Schriften in dieser Hinsicht. Dazu folgendes Beispiel: Einmal wird das Wort »Weg« mit zwei »e« und ein andermal nur mit einem geschrieben. Dieses Chaos herrscht bei mir hin und wieder, wenn ich mich mit der neuen Rechtschreibung befasse, mit der ich mich bis heute nicht so richtig angefreundet habe.

Die Buchttitel beziehungsweise die Erläuterungen auf dem Titelblatt verraten oft schon viel über den Autor oder Übersetzer des Werkes. Eine stimmte mich nachdenklich, denn dort meinte der Autor über sein Werk, in dem er die geistlichen Übungen des heiligen Ignatius von Loyola erklärt: »… erkläret mit einem größeren Fleiß, als es bisher von andern geschehen, auf eine Art, welche der Gesinnung des heiligen Vatters näher bekommet.« Versuchen wir nicht alle, unser Bestes zu tun? Ich bitte jeweils Gott, meinen guten Willen zu sehen und das, was mangelhaft war, zu übersehen.

Tücken der Technik

Klosterfrau und Laptop – für viele Menschen mag dies eine ungewöhnliche Kombination sein. Doch der Computer lässt sich aus unserem Leben nicht mehr wegdenken. Obwohl er vieles erleichtert, hat das Arbeiten damit auch manchmal so seine Tücken.

Gezeigt hat sich dies, als die Anzahl der Computer im Kloster zunahm. Ein Internetanschluss genügte nicht mehr. So versuchten wir es mit einem Wireless LAN. Doch innerhalb des Klosters gab es Verbindungsschwierigkeiten wegen der dicken Mauern. Manchmal konnte es der Computerfachmann kaum glauben, wie viele Verstärker angebracht werden mussten, um das Signal weiterzuleiten. So benötigten wir von der Zentrale in das Büro der Äbtissin drei Verstärker, und das für eine Strecke von ungefähr zwanzig Metern.

Ähnliches galt für mein Büro, das sich in einem anderen Gebäude befindet. Je nach Wetterlage blieb mir oft nichts anderes übrig, als mit dem Laptop ins Hauptgebäude des Klosters zu gehen, um mich dort ins Internet einzuwählen. Ins Büro zurückgekehrt, klappte es für einige Zeit mit dem Anschluss. Dann musste ich, wenn ich E-Mails schrieb, den Vorgang wiederholen. Diese ziemlich umständliche Arbeitsweise ließ den Entschluss reifen, ein Netzwerk einzurichten. Dafür bin ich nun doch dankbar, auch wenn ich versuchte, dem Hin- und Hergehen eine positive Seite abzugewinnen, weil ich dadurch zu mehr Bewegung kam.

Mehrere meiner Mitschwestern nutzen den Computer. Ich staune aber über unsere Äbtissin, denn als sie im Jahr 2001 von der Gemeinschaft gewählt wurde, wusste sie nicht, wie damit umgehen. Jetzt erledigt sie am PC ihre Korrespondenz, ob in Briefform oder als E-Mail, und schreibt damit ihre Ansprachen, die sie uns Schwestern hält.

Außer für die Büroarbeiten nutze ich den Laptop für das Erstellen von Power-Point-Präsentationen. Das Gestalten macht mir große Freude. Die Begeisterung für den Beamer, um diese Präsentationen auch zeigen zu können, halten sich allerdings in Grenzen. Immer wieder musste ich mit unserem Computerfachmann Kontakt aufnehmen. Als ich dann kurz vor einer Präsentation dachte, dass ich die Technik im Griff habe, wurde ich eines Besseren belehrt. All meine Versuche scheiterten kläglich. Auch meine jüngste Mitschwester, die mir helfen wollte, war ratlos. Bis zur letzten Minute wussten wir nicht, ob wir es schaffen würden, den Beamer in Gang zu bringen. Ich stellte mich bereits darauf ein, ein einstündiges Referat ohne Bilder zu halten. Unsere Äbtissin betete, und siehe da: Mit einem anderen

Computer gelang es uns, die Verbindung zwischen Laptop und Beamer herzustellen. Danach konnte ich es aber nicht lassen, nach der Ursache des Problems zu suchen, die ich bald fand: Das Verbindungskabel hatte einen Wackelkontakt. Der Kauf eines neuen Kabels löste mit einem Mal mein Problem. Ein Stoßseufzer und ein »Deo Gratias« (Gott sei Dank) stiegen in mir auf.

Leben aus dem Glauben

Das »Kindlein Jesus« von Sarnen

»Können Sie mir den Weg ins Frauenkloster Sankt Andreas erklären?« Auf diese Frage erhielt ich bei meinem ersten Besuch in Sarnen 1991 als Antwort nur ein Kopfschütteln. Erst als ich nachhakte und nach dem Sarner Jesuskind fragte, erhielt ich eine Wegbeschreibung ins Benediktinerinnenkloster. So lernte ich, dass man in Sarnen eben zum Sarner Jesuskind geht und nicht ins Frauenkloster.

Die aus dem 14. Jahrhundert stammende, 50 Zentimeter große Jesuskind-Statue diente schon immer der Betrachtung und Verinnerlichung der Kindheit Jesu. Auffallend an dieser aus Holz geschnitzten Gnadenfigur ist, dass das rechte Bein hochgezogen dargestellt wird, auf der die Weltkugel abgestellt ist.

Dies ist auf eine Begebenheit zurückzuführen, die 1634 erstmals schriftlich fixiert wurde. Da heißt es von einer Klosterfrau, die wegen einer Krankheit nicht in die Christmette gehen konnte: »Da begehr sy dass man ihr das Kindlein Jesum in ihr Zell brächt, da hat sy bei ihm ihr Gebett und heilige Andacht verricht, indem sy betrachtet die große Liebe Gottes, wie das Kindlein werd for Frost gezittert habe und sin Händ und Füösslin hin und her bewegt und um unser Sünd so herzlich geweindt. Do im selben Punkt zücht das

Kindlein das rechte Füösslin und Beinli an sich, wie es noch ist.«

Das Sarner Jesuskind hat auch heute noch eine Anziehungskraft weit über die Grenzen des Kantons Obwalden und die Schweizer Grenze hinaus. Neben Einzelpersonen finden auch immer wieder Gruppen den Weg zu uns. Dann kommt es vor, dass in unserer Kirche mitten im Sommer Weihnachtslieder wie *Zu Betlehem geboren* ertönen. Anfangs irritierte mich dies, aber inzwischen habe ich mich daran gewöhnt. Ja, mehr noch, heute freue ich mich darüber.

Unterschiedliche Beweggründe führen die Menschen in unsere Klosterkirche. Die einen schätzen die stille und zum Gebet einladende Atmosphäre des Kirchenraumes. Andere zünden eine Kerze für ein bestimmtes Anliegen an. Viele erinnern sich daran, dass bereits ihre Großeltern mit ihnen hierher wallfahrteten. Jetzt geben sie diese Tradition an ihre eigenen Enkelkinder weiter. Das Vertrauen und die Hoffnung dieser Menschen beeindrucken mich und sind mir eine wertvolle Stütze in Zeiten der Trauer und Mutlosigkeit.

Gebetsanliegen via Internet

Unsere Klosterkirche beherbergt, wie gesagt, das sogenannte Sarner Jesuskind und ist deshalb ein vielbesuchter Wallfahrtsort. Es sind unterschiedliche Beweggründe, die Besucherinnen und Besucher zu uns führen. Eines ist den meisten gemeinsam: Sie möchten, dass wir Schwestern sie in unser Gebet einschließen. Deshalb betrachten wir das Gebet nicht nur als Selbstfindung für uns, sondern auch als Aufgabe für unsere Mitmenschen.

Es sind Menschen in allen Lebenslagen, Männer wie Frauen, Junge und Alte, die sich mit uns in Verbindung setzen. Für manche ist dies der letzte Funke Hoffnung in ihrer Ausweglosigkeit. Die Vielfalt der Anliegen zeigt uns die unterschiedlichen Nöte und Hoffnungen der Menschen. Dazu gehören der Verlust eines nahestehenden Menschen, Krankheiten und schwere Unfälle, Probleme in der Partnerschaft oder im Freundeskreis, Angst vor dem Verlust des Arbeitsplatzes oder die Suche nach einem neuen, der Wunsch nach einem guten Verlauf eines Geschäftes, unfallfreie Ferien und vieles mehr. Dass das Vertrauen in uns und das Gebet groß ist, zeigt die Offenheit, mit der die Menschen uns ihre Lebensgeschichten erzählen.

Die Bitten werden auf verschiedene Art und Weise an uns herangetragen: Manche kommen direkt zur Klosterpforte, andere rufen uns an oder schreiben uns einen Brief. Zudem haben wir auf unserer Homepage die Möglichkeit eingerichtet, uns Gebetsanliegen per E-Mail zuzusenden. Was wir als eine Art modernen »Kundendienst« ausprobieren wollten, hat uns überrascht und überwältigt. Während zahlreiche Medien darüber berichteten, löste dies eine wahre Flut von Gebetsanliegen via E-Mail aus. Der große Ansturm ist zwar inzwischen vorbei, doch noch immer kommen täglich einige Anliegen auf diese Art zu uns.

Auffallend ist, dass sich über das Internet viele Menschen melden, die ansonsten mit der Kirche wenig zu tun haben wollen. Außerdem nutzen diese Möglichkeit vor allem jüngere Menschen. Was ebenfalls dabei erkennbar wird, ist, dass Anliegen über alle konfessionellen Grenzen hinweg eingereicht werden und viele Mails auch aus dem Ausland kommen. So hat unter anderen auch ein Hindu auf unser Gebet und unsere Hilfe vertraut.

Was uns besonders freut, ist die Dankbarkeit der Menschen für die Hilfe, die wir ihnen durch unser Gebet geben können. Letzthin erzählte uns ein Mann von der Heilung eines Ausschlages, der ihn etwa zehn Jahre plagte. Solche positiven Rückmeldungen und das große Vertrauen, das wir erfahren dürfen, bestärkt uns, unser Gebet auch in den Dienst der Mitmenschen zu stellen.

Deshalb finden die uns anvertrauten Sorgen und Nöte weiterhin Platz in unserem fürbittenden Gebet.

Leben mit der Katastrophe

Das Kloster ist keine heile Welt, vor der alles Schwere haltmacht; das erfuhr unsere Gemeinschaft im Jahr 2005 am eigenen Leib. Da waren nicht wir es, die die Menschen mit unserem Gebet unterstützten, sondern wir benötigten deren Hilfe und Solidarität.

In der Nacht vom 22. auf den 23. August 2005 wurde unser Kloster von Wassermassen überflutet. Das ganze Erdgeschoss sowie sechs Keller liefen voll. In einem der Keller bewahrten wir unsere Kulturgüter auf, und auch dieser wurde nicht verschont vom Wasser. Das Hochwasser bestimmte von nun an unseren Alltag. Das lässt sich an den eingeleiteten Maßnahmen ablesen, die sich in vier Phasen unterteilen lassen. Erste Phase: Bergung der beschädigten Kulturgüter und das Ergreifen erster Notmaßnahmen sowie das Ausräumen des Inventars aus den überfluteten Räumen. Zweite Phase: Die Suche nach Provisorien, denn unsere Kirche, die Küche und unser Speisesaal waren nicht benutzbar. Dritte

Phase: Die Wiederherstellung der beschädigten Räume, nachdem Prioritäten gesetzt wurden, und die Restaurierung des betroffenen Kulturgutes. In der vierten Phase geht es um geeignete Schutzmaßnahmen für mögliche künftige Katastrophenfälle.

Vier Jahre nach der Naturkatastrophe sieht manches anders aus, und dies dank der Hilfe und Solidarität vieler Mitmenschen. Die meisten Räume sind wiederhergestellt. Ein Teil der Restaurierung des Kulturgutes ist abgeschlossen. Die Restaurierungsarbeiten bei der Kloster- und Musikbibliothek haben erst im Sommer 2007 begonnen und werden bis ins Jahr 2010 dauern. Zudem beschäftigt uns die zukünftige Lagerung des Kulturgutes. In dem Raum, in dem wir es zuvor aufbewahrt haben und der überflutet wurde, wollen wir diese nicht mehr unterbringen.

Den Anfangsschock haben wir auch überwunden, und die Welt sieht wieder farbiger und froher aus für uns. Freud und Leid halten sich nun die Waage. In dieser schweren Zeit fühlten wir uns getragen durch unser eigenes Gebet sowie durch jenes unserer Mitschwestern und Mitbrüdern in anderen Klöstern. Gott war und ist weiterhin mit uns unterwegs. Dieses Wissen hilft uns, das Geschehene besser zu verarbeiten. Beispielhaft erleben wir das unter anderem durch die materielle Unterstützung vieler Menschen, die wir zur vollständigen Finanzierung der Arbeiten auch brauchen werden.

Ich spüre, dass ich seitdem die Nachrichten von Schicksalen und Katastrophen, von denen die Medien fast täglich berichten, mit anderen Augen sehe. Nach kurzer Zeit geraten die Betroffenen dieser Unglücke meistens wieder in Vergessenheit. Aber der Weg zurück in den normalen Alltag ist lang und mühsam. Aufgrund unserer eigenen Erfahrung mit den Wassermassen fühle mich heute mit den Opfern sehr verbunden, wenn ich Meldungen dieser Art höre.

Die Kunst, sich in Gott zu verlieben

Bei einer Zugfahrt nach Fribourg bekam ich von der Fahrt nur wenig mit. Vielmehr waren meine Gedanken bei einem Priester, der verstorben war. Sein Tod berührte mich sehr, und der Abschied tat weh, denn er war es, der mich über mehrere Jahre während meines Ordenslebens begleitet hatte und mir als geistlicher Vater zur Seite stand.

Vor längerer Zeit hatten wir bereits über diesen Augenblick seines Todes gesprochen. Das war und ist mir jetzt noch eine große Hilfe. Durch meinen Glauben lebe ich in der Gewissheit, dass wir uns einst wiedersehen werden. So blicke ich auch heute in Dankbarkeit zurück auf das, was ich von ihm in den letzten Jahren empfangen durfte. In Krisenzeiten stand er mir bei, und in guten Tagen freute er sich mit mir. Sein Anliegen war es stets, mich näher zu Gott zu führen und damit auch die Bereitschaft in mir zu wecken, mich immer mehr in Gott zu verlieben. Dabei waren seine Ausführungen und Hinweise keine abstrakte Theorie, sondern lebensnah und lebendig. Letztlich war er es, der sie für sich in die Praxis umsetzte – spürbar, eindrucksvoll, vorbildhaft.

Deutlich wird dies auch in einem Artikel von Johannes Bours, den er mir gab und der den Titel trägt: *Die Kunst, sich in Gott zu verlieben*. Sein Tod hat mich bewogen, den Text auf der Zugfahrt zur Hand zu nehmen. Der Autor geht der Frage nach, ob es überhaupt möglich ist, sich in Gott zu verlieben. Seine Erfahrung sowie auch diejenige etlicher Mitchristen beantwortet seine Frage mit Ja. So schreibt er: »Wer sich auf Gott einlässt, und er ist ja immer der, der die Initiative ergreift, der ist auf dem Wege, sich in Gott zu verlieben.« An anderer Stelle schreibt er, dass er nur eine einzige Regel nennen möchte, wie sich diese Kunst erlernen ließe, nämlich: »Aufmerksam werden auf die Zeichen, die Gott, der Liebende, immerfort gibt, sensibel werden für die Liebeserklärung Gottes.«

Diese Worte trösten mich, und sie mahnen und ermuntern mich, stets das Abenteuer mit

Gott zu wagen und mich auf ihn einzulassen. Der Tod meines geistlichen Vaters ist für mich auch ein Loslassen und der Beginn eines neuen Lebensabschnitts, denn künftig liegt es noch mehr an mir, die Zeichen Gottes zu deuten und die Kunst, sich in ihn zu verlieben, wachsen zu lassen. Dass mich mein Mentor als »gute Seele« dabei begleiten wird, davon bin ich überzeugt.

Die Bibel – so spannend wie ein Krimi

Die Bibel gehört als ein fixer Bestandteil zu unserem Alltag und bestimmt ihn mit. So setzen sich unsere Gebetszeiten aus Psalmen und Lesungen aus dem Alten wie dem Neuen Testament zusammen. Vor dem Mittagessen hören wir einen Abschnitt aus dem Neuen Testament. Zudem versuchen wir uns in der täglichen Meditation in die Botschaft der Bibel zu vertiefen und die Botschaft Jesu in unserem Leben umzusetzen.

Dabei staune ich immer wieder über die Vielfalt, der ich begegne, wenn ich in der Bibel lese. Man entdeckt dort Geschichtsbücher, Gesetzestexte, Sammlungen von Gebeten und Liedern, Briefe, politische und religiöse Zeitdiagnosen, Zukunftsvisionen, Liebesgedichte, Erzählungen vom Weg Jesu und Chroniken. Bei dieser umfassenden Sammlung, die aus 73 verschiedenen Büchern besteht, finde ich immer wieder eine für mich geeignete Lektüre.

Leider werden die Schriften des Alten Testaments in unserer christlichen Tradition oft vernachlässigt; so bleibt manche interessante Erzählung im Verborgenen. Dabei kommen hier Menschen zu Wort, die ihre Lebensgeschichte erzählen und von ihren Erfahrungen mit dem Gott Israels berichten. Manche von ihnen lesen sich wie ein Krimi.

Nehmen wir die Geschichte von König David. Dieser wurde vom König Saul verfolgt, weil er mehr Erfolg als dieser hatte und beim Volk beliebt war. Saul versuchte nun David zu töten. Er konnte den Anschlägen jedoch geschickt entgehen. Einmal hätte er sogar die Möglichkeit gehabt, Saul zu töten, unterließ dies aber aus Respekt und aus Liebe zu seinem König.

Manchmal verstricken sich diese Texte zwar in Widersprüche und geben viele Fragen auf. Die historisch-kritische Methode hilft da zum besseren Verständnis. Dennoch gibt es auch eine weitere Art, mit den Texten umzugehen und sie auf das eigene Leben anzuwenden: Sie können uns zu Wegweisern werden. Dazu gehört für mich das biblische Buch Rut. Diese Novelle bedeutet mir persönlich sehr viel. Ganz kurz gefasst geht es in dieser Geschichte um eine Frau, die einen Ausländer heiratete. Dieser verstarb in der Fremde wie auch sein Vater und sein Bruder. Da entschloss sich die Schwiegermutter von Rut, in ihre Heimat zurückzukehren, und erhoffte sich von ihren Verwandten Hilfe in ihrer Not. Rut zog mit ihr in das Ungewisse, da sie ihr beistehen und sie nicht alleinlassen wollte. Ich bewundere diese Haltung, hatte sie doch als Frau und als Ausländerin in der damaligen Gesellschaft kaum Rechte. Ihr Mut wurde belohnt. Sie heiratete erneut und bekam mit ihrem Mann ein Kind geschenkt.

Die Zivilcourage dieser biblischen Gestalt fasziniert mich immer wieder aufs Neue. Das Leben hält oft Überraschungen für uns bereit. Am Beispiel der Rut sehe ich, dass das scheinbar Negative sich in der Zukunft zum Positiven entwickeln kann und die Hoffnung schenkt, auf dem richtigen Weg zu sein.

Die ganz andere »Nacht«

Direkt neben dem Bahnhof und nur einen Katzensprung von den Einkaufszentren entfernt liegt unser Kloster. Dennoch bleibt das Leben hinter den Mauern verborgen. Gerade das ist immer wieder Nährboden für Vorurteile. Um die Mauer des Unwissens zu durchbrechen und mit den gängigen Klischees aufzuräumen, beteiligen wir uns an der Aktion »Nacht der Klöster«.

Diese andere »Nacht« stellt unseren normalen Tagesplan auf den Kopf. Da wir uns in einem gewohnten Rhythmus bewegen, setzt dies einiges an Aufmerksamkeit voraus. Vor allem die schriftliche Information an unsere älteren Mitschwestern darf nicht vergessen werden, da sie nicht mehr gut hören und so die Gefahr besteht, dass sie diese Änderungen im Tagesablauf nicht mitbekommen, was für sie sehr schwierig wäre.

Wir beginnen unseren Tag eine halbe Stunde später als üblich, also um 6.30 Uhr mit dem Morgengebet. Darauf folgt das Frühstück. Die sogenannten kleinen Horen – Terz, Mittagshore und Vesper – folgen dem gewohnten Tagesrhythmus. Die Vigil, die wir normalerweise um 17.30 Uhr halten, weicht dem Nachtessen. Die somit ausgefallene Gebetszeit beten wir Schwestern für uns privat. Um 19 Uhr beginnt dann das Programm der »Nacht der Klöster«. Diese eröffnen wir mit einem Gottesdienst zusammen mit der Pfarrei Sarnen. Erleichtert bin ich, dass der Organist der Pfarrei den Orgeldienst übernimmt. So kann ich mich vermehrt den anderen Aufgaben widmen.

Da wir nicht wissen, wie viele Menschen unserer Einladung folgen werden, müssen wir verschiedene Szenarien entwickeln. Eines davon möchte ich hier vorstellen.

Unsere Klosterkirche bietet den idealen Rahmen, die Interessierten mit einer Power-Point-Präsentation in die Geschichte unseres Klosters einzuführen. Danach teilen wir die anwesenden Personen in zwei Gruppen auf. In der einen werden Erinnerungen über die Schultätigkeit unserer Mitschwestern an der Primar- und Sekundarschule in unserem Dorf ausgetauscht. Bis 1980 übernahmen hier einige Schwestern den Religionsunterricht. Zudem erzählt und informiert eine weitere Mitschwester über ihre Tätigkeit in unserem Missionskloster in Kamerun. Immer wieder werden wir über unseren »beruflichen« Werdegang befragt – in der zweiten Gruppe wird daher dieser Fragestellung Raum gelassen.

Bevor wir gemeinsam mit unseren Gästen die Komplet beten, stärken wir uns mit einer kleinen Zwischenverpflegung im Speisesaal unserer Gemeinschaft. Gleichzeitig besteht die Möglichkeit zum Gespräch mit uns Schwestern. Zum Abschluss halten wir bei schönem Wetter eine Prozession zur Muttergotteskapelle in unserem Klostergarten. Die Nacht wird erhellt durch die Kerzen in unseren Händen. In der kleinen Kapelle beschließen wir diese Begegnung mit dem Singen der Marianischen Antiphon, einem Gruß an die Mutter Jesu, so wie es die kirchliche Tradition für das Nachtgebet vorsieht.

Reden ist Silber – Schweigen ist Gold

Die Regel des heiligen Benedikt ordnet das Zusammenleben der Mönche und Nonnen. Neben rein organisatorischen Kapiteln bietet er dort auch Hilfestellungen für das geistliche Leben. Das bekannte Sprichwort »Reden ist Silber – Schweigen ist Gold« könnte aus seiner Feder stammen, denn er legte großes Gewicht auf das Schweigen. So widmet er das sechste Kapitel seiner Regel der Schweigsamkeit.

Er schreibt: »Tun wir, was der Prophet sagt: Ich sprach, ich will auf meine Wege achten, damit ich mich mit meiner Zunge nicht verfehle. Ich stellte eine Wache vor meinen Mund, ich verstummte, demütigte mich und schwieg sogar vom Guten. Hier macht der Prophet deutlich, dass man der Schweigsamkeit zuliebe bisweilen sogar auf gute Gespräche verzichten soll. Umso mehr müssen wir wegen der Bestrafung der Sünde von bösen Worten lassen. Mag es sich also um noch so gute, heilige und aufbauende Gespräche handeln, vollkommenen Jüngern werde nur selten das Reden erlaubt wegen der Bedeutung der Schweigsamkeit.«

Diese Anweisung des heiligen Benedikt bereitet uns heutigen Menschen Schwierigkeiten. Dabei darf die Intention, die dieser Aussage zugrunde liegt, nicht vergessen werden, denn das Schweigen dient der Verinnerlichung der Mönche und Nonnen und bietet die Möglichkeit, in der Stille auf Gott zuzugehen beziehungsweise ihn zu suchen. Auf dieser Suche sind wir in allen Lebenssituationen, sei es beim Gebet in der Kirche, beim Arbeiten oder beim Essen. Durch das Schweigen kann ich zu mir selbst kommen und so den inneren Frieden finden. Dass dabei die Gedanken abschweifen, gehört zum Alltag. Die Gedanken, die auftauchen, sind vielfältig und so zahlreich wie wir Menschen selbst. Gegen solche Abschweifungen ist niemand gewappnet. Zudem gibt es ein Schweigen, das andere Motive als die Gottsuche in sich trägt: Auseinandersetzungen und Konflikte, Antipathie oder Neid und Eifersucht.

Das sogenannte Jesusgebet hilft mir auf dem Weg zur Sammlung und zur Prüfung meiner Gedanken. Das Wiederholen der Worte »Herr Jesus, Sohn Gottes, erbarme dich meiner« eröffnet mir den Raum zur Begegnung mit Gott. Dazu verwende ich eine Gebetsschnur, wie sie in der orthodoxen Kirche üblich ist. Dort wird diese Schnur »Tschotki« genannt. Sie ist vergleichbar mit dem in der katholischen Kirche üblichen Rosenkranz. Je nach meinem Empfinden wechsle ich die Anrufung. So pflege ich in der Zeit vor Pfingsten, in der die Kirche das Herabkommen des Heiligen Geistes erwartet, den Vers »Komm, Heiliger Geist« zu beten.

Das Bemühen um das Schweigen ist für mich keine Flucht vor Gesprächen und Konfrontationen, sondern hilft mir, mich und meine Mitschwestern besser kennenzulernen und dies mit den Augen Gottes zu tun.

Wohltuende Stille

Der heilige Benedikt, der darauf hinwies, dass der Mönch oder die Nonne stets ein Leben führen sollen wie in der Fastenzeit, war sich auch bewusst, dass dies den wenigsten gelingen würde. Denn die Gewohnheit schleicht sich auch in den klösterlichen Alltag ein. Um dies zu verhindern, gehören die Exerzitien zum festen Programm in der österlichen Bußzeit.

Die Exerzitien, abgeleitet von spanisch: »Ejercicios espirituales« (geistliche Übungen), dienen der geistlichen Erneuerung. Sie beginnen bei uns am Abend des ersten Sonntags in der Fastenzeit und dauern bis zum darauffolgenden Freitag. Unser Tagesablauf nimmt dabei einen etwas gemächlicheren Gang als sonst. So fängt unser Tag erst um 6.45 Uhr mit der Eucharistiefeier und dem anschließenden Morgengebet an. Das gibt uns die Möglichkeit, länger zu schlafen, was ich sehr genieße. Da wir in diesen Tagen nur die nötigsten Arbeiten erledigen, bleibt uns vermehrte Zeit zum Gebet und zur Lesung der Heiligen Schrift. Das Bemühen, die Stille und das Schweigen zu pflegen, schafft einen Raum, in dem die Beziehung zu Gott intensiviert werden kann. Diese Tage der Einkehr schätze ich immer mehr. Seit dem Hochwasser im August 2005 haben wir oft Hochbetrieb bei uns. Deshalb ist es eine Wohltat, wieder einmal der Hektik des Alltags zu entfliehen, einmal nur für Gott im Gebet und in der Stille da zu sein.

Neben dem Gebet und der Lesung der Heiligen Schrift unterstützen uns Vorträge unseres Exerzitienmeisters, die mit Impulsen zum Überdenken der eigenen Situation schließen. Jeweils am Morgen sowie am Nachmittag hält er einen solchen Vortrag. Diese stillen Tage stehen immer unter einem bestimmten Thema, zum Beispiel das Gebet Jesu im Lukasevangelium oder auch das Leben einer heiligen Person, die uns zeigt, wie ein Leben mit Gott gelingen kann. Die Auswahl der Referenten obliegt unserer Äbtissin. Am liebsten sind mir solche, die sich mit der Benediktregel befassen, da daraus Impulse zur benediktinischen Spiritualität erwachsen.

So freute ich mich, als ein Mitbruder aus unserem Orden mit uns das siebte Kapitel der Benediktsregel betrachtete, das von der Demut handelt. Benedikt vergleicht die Demut mit einer

Leiter mit zwölf Sprossen, auf der man zu Gott emporsteigt. Zwar erklimmt man diese Leiter nicht in zeitlicher Abfolge, aber das Bild veranschaulicht, dass es ein Weg ist, der einen zu Gott führt.

Die Exerzitientage wollen uns zu Gott führen, dem wir in unserem Gelübde unsere Treue versprochen haben. Im Gottesdienst des letzten Exerzitientages erneuern wir unser Ja zu Gott und sprechen dabei die Worte aus Psalm 119: »Herr, nimm mich auf, damit ich lebe, wie du verheißen hast. Ich hoffe auf dein Wort, lass mein Vertrauen nicht vergeblich sein.«

Der »stille« Sonntag

Viele Menschen gehen – oft unbewusst – ihren Gewohnheiten nach. Sie leben ihr Leben, ohne es wirklich wahrzunehmen. Vor solchen Gewohnheiten sind wir auch in unserer Gemeinschaft nicht gefeit. Doch wir tun etwas dagegen – mit dem »stillen« Sonntag, der jeweils am ersten Sonntag im Monat stattfindet.

Dabei nimmt sich jede von uns die Zeit, sich selbst einige Fragen zu stellen und Antworten bzw. Lösungsansätze dazu zu suchen, zum Beispiel: Wo stehe ich zurzeit in meinem klösterlichen Leben? Wie pflege ich meine Beziehung zu Gott? Fühle ich mich wohl bei der Arbeit und im Gemeinschaftsleben, oder was sollte sich gegebenenfalls ändern? Gibt es Probleme mit den Mitschwestern, und wie ließen sie sich beheben? Mit wem könnte ich meine Schwierigkeiten besprechen?

Um eine geeignete Atmosphäre für diese Einkehr zu schaffen, bemühen wir uns, den »stillen Sonntag« in Schweigen zu verbringen. Das ist allerdings nicht leicht, denn es gibt immer wieder etwas zu besprechen. Zur Unterstützung der Stille hören wir jeweils am Samstagabend beim Nachtessen einen Vortrag unserer Jahresexerzitien, die wir auf Kassetten aufgenommen haben. Die Fortsetzung des Vortrags folgt dann beim sonntäglichen Mittagessen. Die gemeinsame Erholung, die wir meistens mit Spielen verbringen, fällt an diesem Tag weg, und an ihre Stelle tritt eine Zeit der Besinnung, deren Gestaltung jeder einzelnen Schwester obliegt. Manche nutzen sie auch für einen längeren Mittagsschlaf oder zum Schreiben eines wichtigen Briefes.

Vor der Vesper um 16 Uhr halten wir zum Abschluss eine Prozession im Kreuzgang des Klosters. Die jüngste Schwester trägt das Kreuz voraus. Darauf folgen wir anderen. Während dieses Rundgangs singen wir jeweils ein Lied, das der Zeit im Kirchenjahr entspricht. Das Auswählen und Ankündigen der Lieder liegt in meinem Aufgabenbereich. Die Reihenfolge der Prozession ist dabei geregelt und erfolgt gemäß dem Klostereintritt der Schwestern. So steht eine ältere Mitschwester mir zur Rechten und eine jüngere mir zur Linken.

Die Rangordnung im Kloster gemäß dem Zeitpunkt des Eintritts geht auf eine Weisung des heiligen Benedikt im 63. Kapitel seiner Regel zurück. Wohl mag es für manche wie ein alter Zopf klingen, aber mit der Zeit habe ich gemerkt, dass sich dank einer solchen Ordnung viele Probleme vermeiden lassen, denn sie findet auch im Speisesaal und in der Kirche ihre Anwendung. Zwar lässt sich dieses Problemlösungsmodell nicht auf alle Konflikte anwenden, aber manch ein Streit ist dadurch gar nicht erst entstanden.

Die Benediktsregel als »Rezept« gegen Orientierungslosigkeit?

Sind Gehorsam, Demut und Maßhalten verstaubte Begriffe, oder können sie uns für die zunehmenden »Zivilisationskrankheiten« wie Schnelllebigkeit, Orientierungslosigkeit und Leistungsdruck einen neuen Weg weisen? Ich meine schon, dass sie das können und alles andere sind als verstaubt, denn diese Werte vermittelt der heilige Benedikt, nach dessen Regel unser Kloster lebt.

Der heilige Benedikt kam um 480 in Nursia in Italien zur Welt und starb um das Jahr 540. Seine Leidenschaft für Gott prägte sein Leben wesentlich. Seine Erfahrungen und Erkenntnisse auf diesem Weg schrieb er am Ende seines Lebens in seiner Regel nieder.

Das Lesen und Meditieren dieser Regel befruchtet auch das Leben heutiger Menschen, die die Sehnsucht nach Gott mit Benedikt teilen. So versuche ich bei meinen morgendlichen Spaziergängen den Weisungen der Benediktsregel in meinen Gedanken nachzugehen und sie in meinem Leben umzusetzen. Dabei frage ich mich oft, welche Werte auch nützlich für das Familien-, Berufs- und Alltagsleben sein könnten. Drei scheinen mir wichtig zu sein: der Gehorsam, die Demut und das Maßhalten.

Das Aufeinander-Hören ist dem heiligen Benedikt wichtig gewesen. Es ging ihm dabei nicht um blinden Gehorsam, sondern vielmehr darum, dass ich im Hören mein Gegenüber als Menschen wahrnehme und seine Meinung achte, die nicht unbedingt die meine sein muss. Nach den Worten der Regel kann Gott den richtigen Gedanken jedem Mitbruder und jeder Mitschwester eingeben, selbst dem oder der jüngsten, und so empfiehlt er den gegenseitigen Austausch. Im Hören aufeinander übergibt uns Benedikt nach meiner Meinung ein Grundrezept für unser Zusammenleben.

Zum Gelingen des Gemeinschaftslebens gehört auch eine gesunde Selbsteinschätzung. Für diese Haltung kennt man in unserer Sprache das Wort »Demut« – ein Begriff, der oft strapaziert und noch häufiger falsch interpretiert wurde und wird. Er ist die Übersetzung des lateinischen Wortes *humilitas*, was Bodennähe, Verwurzelung und auch Niedrigkeit bedeuten kann. Die Wahrnehmung der eigenen Stärken und Schwächen verhilft mir auch zum besseren Kennenlernen des anderen. So verstehe ich beispielsweise das Eingestehen einer Schwäche nicht als einen Akt der Selbsterniedrigung, sondern als ein Zusammenführen von verschiedenen Stärken. Das gegenseitige Ergänzen stützt dabei die Gemeinschaft.

Einer weiteren Haltung begegnet man beim Lesen der Regel Benedikts immer wieder: dem Maßhalten. Er verlangt vom Mönch und der Nonne, dass sie in allem und in allen Dingen für sich das richtige Maß finden, sei es im Gebet, beim Essen, bei der Arbeit oder der Erholung. Wenn das alles in einer gesunden Balance zueinander steht, kann dies die Lebensqualität deutlich steigern.

Für manche scheinen diese Werte im Widerspruch zu ihrem persönlichen Alltag zu stehen.

Dennoch bleibe ich bei der Überzeugung, dass diese drei Grundhaltungen – Gehorsam, Demut und Maßhalten – eine Anregung sein können. Sie bieten nach meiner Ansicht Lösungsansätze für einen besseren Umgang mit dem Leistungsdruck, der Schnelllebigkeit der heutigen Gesellschaft und der darin oft herrschenden Orientierungslosigkeit.

Tagesrückblick – Chance für einen Neubeginn

Das Klischee, dass es im Kloster keinerlei Konflikte und Auseinandersetzungen gibt, begegnet mir häufig. Aber das Kloster ist nicht das Paradies auf Erden. Obwohl wir uns für ein Leben entschieden haben, das sich an der Person von Jesus von Nazaret orientiert, bleiben wir Menschen mit unseren Ecken und Kanten. An diesen zu arbeiten und Jesus, dem Sohn Gottes, in unserem Verhalten immer ähnlicher zu werden, bleibt eine lebenslange Aufgabe.

So halten wir in der letzten gemeinsamen Gebetszeit, der Komplet (Nachtgebet), einen Rückblick auf den vergangenen Tag. Dabei fragt sich jede Mitschwester, wie der Tag verlaufen ist. Nach Augenblicken der Stille stimmt dann unsere Äbtissin das Schuldbekenntnis an. Dieses lautet: »Ich bekenne Gott, dem Allmächtigen, und allen Brüdern und Schwestern, dass ich Gutes unterlassen und Böses getan habe. Ich habe gesündigt in Gedanken, Worten und Werken – durch meine Schuld, durch meine Schuld, durch meine große Schuld. Darum bitte ich die selige Jungfrau Maria, unseren heiligen Vater Benediktus und alle Engel und Heiligen und euch, Brüder und Schwestern, für mich zu beten bei Gott, unserem Herrn.« Darauf spricht die Äbtissin die Vergebungsbitte: »Der Herr erbarme sich unser, er lasse uns die Sünden nach und führe uns zum ewigen Leben.«

Oft ist mir die Besinnung der Komplet ein Anstoß, mich intensiver mit dem Geschehen des Tages auseinanderzusetzen. Dabei hilft mir das »Gebet der liebenden Aufmerksamkeit«, das auf Ignatius von Loyola zurückgeht. Gottes Spuren in meinem ganz persönlichen Alltag zu entdecken, liegt diesem Modell zugrunde. Ich schätze es, weil nicht nur das Scheitern zur Sprache kommt, sondern auch die positiven Erlebnisse des Tages.

Zuerst versuche ich, mich innerlich auf Gott einzustellen und mit ihm ins Gespräch zu kommen wie mit einer guten Freundin oder einem guten Freund. In diesem Dialog mit Gott blicke ich auf den vergangenen Tag und versuche mein

Verhalten den anderen, Gott und mir selbst gegenüber anzuschauen. Zudem erinnere ich mich der Augenblicke, in denen ich Ermutigung, Trost und Hoffnung gespürt habe. Aber auch solcher, in denen ich Misstrauen, Angst und Entmutigung fühlte. Je nachdem, wie der Tag verlaufen ist, lässt sich dann das Gebet mit einer Bitte, mit Dank, einer Klage oder/und Lob fortsetzen. Mit dem Ausblick auf den kommenden Tag beschließe ich es und bitte Gott um eine neue Chance sowie um Kraft und Entschlossenheit.

Das Eingestehen eines Fehlers vor Gott ist die eine Seite – die Bitte um Vergebung bei der betroffenen Person die andere. Dazu brauche ich immer wieder viel Überwindung. Mein geistlicher Begleiter pflegte dabei immer zu sagen: »Es fällt Ihnen doch kein Stein aus der Krone, wenn Sie einräumen, einen Fehler begangen zu haben.«

Ora et labora

Ora et labora – dieses Leitwort wird oft verwendet, um das benediktinische Ordensleben zu beschreiben. In diesem Wortlaut selbst ist es aber nicht in der Benediktsregel überliefert. In der 1500-jährigen Tradition unseres Ordens erscheint es relativ spät, nämlich erst vor ungefähr 130 Jahren. Man vermutet, dass der Gründerabt von Beuron dieses Motto erfunden hat. Aber es ist trotzdem sehr treffend.

Ein Blick in die Regel des heiligen Benedikt zeigt, dass sich 15 Kapitel des Textes dem Gottesdienst widmen. Es sind vor allem Weisungen, wie die verschiedenen Gebetszeiten aufgebaut sein sollen. Diese werden zwar nicht mehr so umgesetzt, wie es Benedikt vorschreibt, dennoch zählt auch heute noch die innere Haltung dazu. So schreibt er: »Wir glauben, dass Gott überall gegenwärtig ist und dass die Augen des Herrn an jedem Ort die Guten und die Bösen beobachten.« Und weiter: »Psalliert weise« (Betet die Psalmen weise). Denn er wünscht, dass sich die Mönche dem Einüben von Psalmen widmen. Ja, diese sollten »wiedergekäut« werden, sodass sie in Fleisch und Blut übergehen. Dies sagt er mit dem Hintergedanken, dass die Psalmverse die Arbeit der Mönche und Nonnen mitprägen und so die Arbeit zum Gebet wird.

Zwar spricht der Ordensvater nicht in ganz so vielen Kapiteln seiner Regel über die Arbeit wie vom Gebet, dennoch ist sie ihm wichtig. Im 48. Kapitel schreibt er: »Müßiggang ist ein Feind der Seele. Deshalb sollen sich die Brüder beschäftigen: zu bestimmten Zeiten mit Handarbeit …« Und an einer anderen Stelle, an der er das Amt des Verwalters des Klosters umschreibt: »Alle

Geräte des Klosters betrachte er wie heilige Altargefäße.«

In den Jahren, die ich bisher im Kloster verbracht habe, wurde ich in den unterschiedlichsten Bereichen eingesetzt. Zunächst begann ich im Garten und half überall dort mit, wo Not an der Frau war. Noch heute profitiere ich vom damals Gelernten. So ist es mir ein Leichtes, die verschiedenen Setzlinge zu unterscheiden. Daneben wirke ich als Organistin und Sängerin im gemeinschaftlichen Gebet. Wenn wir Gäste zu Besuch haben, müssen wir uns auch in der Bewirtung der Besucher beweisen. Aber wie oft habe ich schon die Suppe beinahe über die Hosen der Besucher ausgeschüttet! Zurzeit bin ich vor allem in der Verwaltung tätig und schreibe an der Chronik des Klosters, womit ich leider etwas im Rückstand bin.

Die wohl ungewöhnlichste Arbeit musste ich kurz nach meinem Eintritt verrichten: Eine Mitschwester verstarb, und unser Pächter, der jeweils das Grab aushebt, erschien nicht zum abgemachten Termin. Mit Widerwillen und gemischten Gefühlen fingen eine Mitschwester und ich mit der Arbeit als Totengräberinnen an. Zu unserem Glück löste uns nach einiger Zeit der Totengräber der Pfarrei ab. Dieses Erlebnis ist für mich unvergesslich.

Neben Gebet und Arbeit ist es wichtig, Phasen der Erholung in den Tagesrhythmus einzubauen.

Diese sind zwar kurz, helfen mir aber, neue Kraft zu schöpfen.

»Alles hat seine Stunde«

»Alles hat seine Stunde. Für jedes Geschehen unter dem Himmel gibt es eine bestimmte Zeit: eine Zeit zum Gebären und eine Zeit zum Sterben« (aus dem Buch Kohelet). Vor Kurzem wurden wir an Letzteres erinnert, als eine Mitschwester verstarb. Sie wird uns fehlen, hatte sie doch trotz ihres hohen Alters von 95 Jahren und ihren starken Schmerzen den Schalk im Nacken nie verloren.

Trotz des Verlustes und des Schmerzes brauchen wir einen klaren Kopf, um keine der zu erledigenden Aufgaben zu vergessen, die dann anfallen. Deshalb hat sich unsere Äbtissin eine Checkliste angelegt, deren Punkte sie nach und nach abarbeitet. Darauf steht zum Beispiel, dass der Arzt benachrichtigt werden muss, um den Totenschein auszustellen, und die nächsten Angehörigen telefonisch über den Tod informiert werden müssen. Damit die Pfarrei die Totenglocke läutet, muss auch dem Pfarramt der Heimgang der Mitschwester mitgeteilt werden.

Währenddessen richten zwei Mitschwestern die Verstorbene her, damit sie eingesargt werden kann. Üblicherweise wird bei uns eine verstorbene Mitschwester in unserem Kapitelsaal (Versammlungsraum) aufgebahrt. Weil aber im Augenblick die Renovierungsarbeiten dort noch nicht begonnen haben, können wir die Leiche in die Aufbewahrungshalle der Pfarrei geben. Während der Sarg von den Sargträgern zum Auto gebracht wird, beten wir Schwestern ein Gebet und läuten dabei unsere Kirchenglocke. Danach schreibe ich die Todesanzeige und drucke diese aus, während in der Zwischenzeit zwei weitere Mitschwestern die Adressetiketten auf die Couverts kleben und die Anzeigen einpacken.

Am Beerdigungstag wird der Sarg ungefähr eine Stunde vor Beginn des Abschiedsgottesdienstes in die Klosterkirche gebracht. Dort findet dann die Einsegnung des Sarges statt. Dabei verwendet der Priester Weihwasser, das an die Taufe erinnert, in der der Verstorbenen sowie uns allen das Leben von Gott zugesagt wird. Ein Leben, das der irdische Tod nicht verhindern kann.

Zu Beginn des Gottesdienstes verliest unsere Äbtissin den Lebenslauf der verstorbenen Mitschwester. Manchmal fällt das uns schwer, weil uns die Mitschwester selbst darüber wenig erzählt hat. Im Anschluss an die Feier findet dann die Beerdigung auf unserem Klosterfriedhof statt. Obwohl dieser innerhalb der Klausur liegt, dürfen die Menschen von außerhalb daran teilnehmen. Die Gebete, die gesprochen werden, und die Zeremonie rufen uns in Erinnerung, dass unser Leib vergänglich ist und wir zur Erde zurückkehren werden. Dennoch leben wir in der Zuversicht, dass Gott unser Herr uns auferwecken wird.

Der heilige Benedikt mahnt in seiner Regel seine Mönche und Nonnen, dass sie sich täglich wachsam den Tod vor Augen halten sollen. Mir hilft diese Mahnung dabei, mein Leben bewusst zu gestalten und auf Gott zu vertrauen.

»Friede ist allweg in Gott«

Der 25. September wird bei uns im Kanton Obwalden als Feiertag begangen. Der kirchliche Gedenktag des heiligen Niklaus von Flüe oder Bruder Klaus, wie wir ihn nennen, fällt auf diesen Tag. Durch sein Leben setzte er Zeichen; bis heute hat er seine Anziehungskraft nicht verloren.

Geboren wurde Niklaus von Flüe am 21. März 1417 im Flüeli. Er war glücklich verheiratet mit Dorothea und Vater von zehn Kindern. Er bewirtschaftete seinen Bauernhof und sorgte so für den Lebensunterhalt seiner großen Familie. Im politischen Leben übte er das Amt eines Ratsherrn und Richters aus. Doch seine innere Unruhe und seine Sehnsucht, Gott zu suchen, ließen ihm keine Ruhe. So nahm er Abschied von seinen öffentlichen Ämtern und verließ – von vielen unverstanden, aber mit Erlaubnis seiner Ehefrau – mit 50 Jahren seine Familie. Als Einsiedler zog er sich in den Ranft zurück, der ganz in der Nähe seines Wohnhauses liegt. Dort verstarb er in seinem 80. Lebensjahr.

Im Ranft fand er den inneren Frieden in Gott, nach dem er sich gesehnt hatte. Doch sein Rückzug bedeutete für ihn nicht, alles um sich zu vergessen. So suchten viele Menschen bei ihm Rat. Am bekanntesten ist wohl sein Eingreifen bei der Tagsatzung in Stans im Dezember 1481. Dank seiner Vermittlung konnte ein Krieg zwischen den acht Ständen der Eidgenossenschaft verhindert werden. Leider ist sein Ratschlag, der zum Frieden geführt hat, nicht überliefert. Aber bekannte Aussagen des Einsiedlers wie »Friede ist allweg in Gott, denn Gott ist der Friede. Und Friede mag nicht zerstört werden, Unfriede aber wird zerstört« lassen uns ahnen, in welche Richtung er gegangen sein mag.

Neben seinen überlieferten Schriften zieht mich seine Klause im Ranft an, denn von dort strahlen Ruhe und Kraft aus. Bei jedem der seltenen Besuche, die ich vom Kloster aus dorthin machen darf, fühle ich mich diesem Heiligen und seiner Botschaft stark verbunden, denn er hatte ebenso wie ich große Sehnsucht nach Gott. Diese ließ in mir schließlich den Entschluss zum Klostereintritt wachsen.

Um das Feuer der Sehnsucht nicht verlöschen zu lassen, hilft mir im Alltag ein Gebet des heiligen Bruder Klaus. Es lautet: »Mein Herr und mein Gott, nimm alles von mir, was mich hindert zu dir. Mein Herr und mein Gott, gib alles mir, was mich führet zu dir. Mein Herr und mein Gott, nimm mich mir und gib mich ganz zu eigen dir.«

Glaube und Widerstand

Immer wieder fahre ich für einige Tage nach Engelberg, um dort Urlaub zu machen. Wenn sich hier gerade im Herbst die Sonne ihren Weg durch das Nebelmeer sucht und mich das Wetter nicht gerade zum Wandern einlädt, verbringe ich meine Zeit mit Lesen und Schreiben. Auch das ist Urlaub.

Ich liebe Engelberg nicht nur als Ferienort und weil es viele Möglichkeiten zum Wandern bietet, sondern auch, weil unsere Klostergeschichte eng mit derjenigen des Männerklosters dort verknüpft ist. Gegründet wurden die beiden Gemeinschaften als Doppelkloster. Um das Jahr 1120 stiftete der Zürcher Adlige Konrad von Sellenbüren das Kloster. Es erlebte in der Folgezeit bewegte Zeiten mit vielen Höhen und Tiefen. Zweimal, in den Jahren 1199 und 1449, zerstörten Brände einen Großteil der Gebäude. Zudem verlor der Konvent im Pestjahr 1349 innerhalb von vier Monaten 116 Schwestern und zwei Mönche. Die große Anzahl an verstorbenen Schwestern erklärt sich dadurch, dass der Frauenanteil wesentlich höher war als der der Männer.

Das Bestehen der beiden Gemeinschaften als Doppelkloster erhielt im 16. Jahrhundert seitens der Kirche nur noch wenig Zustimmung. Hinzu kam, dass die Gebäude im Schwesternbereich baufällig waren. Der Nuntius beschrieb den Zustand nach einer Visitation als lebensgefährlich. Seinem Bericht fügte er bei, dass die Ordensfrauen oftmals selbst einen Teil der Häuser abrissen, um im Winter Holz zum Heizen zu haben, denn es sei kein Geld für Reparaturarbeiten beziehungsweise nicht genügend Heizmaterial vorhanden. Zuvor unternahmen die Schwestern Bettelreisen, um überleben zu können. Aber die neuen Klausurvorschriften nach dem Konzil von Trient untersagten den Schwestern das. Deshalb spitzte sich die Lage zu.

Der Abt des Männerklosters hegte zusätzlich die Absicht, die Frauengemeinschaft aufzulösen. Er hoffte, danach genügend Geld zur Verfügung zu haben, um in Sachseln am Grab des heiligen

Bruder Klaus ein Priorat zu errichten. Er glaubte nicht daran, dass die verbliebenen sieben Schwestern eine Chance hätten, das Gemeinschaftsleben weiterhin aufrechtzuerhalten. Seine Pläne hielt er vor den Schwestern geheim. Diese erfuhren aber über Umwege von der Absicht ihres Vorstehers. Sie leisteten Widerstand. Bei ihrem Kampf um ihre Gemeinschaft erhielten sie Unterstützung seitens der Luzerner Regierung. Der Glaube an und der Kampf für ein Weiterbestehen zahlten sich aus, denn schlussendlich konnten sich die Parteien einigen, dass das Frauenkloster nach Sarnen verlegt wird. Am 18. Februar 1615 zogen die sieben noch im Kloster lebenden Schwestern dorthin. Auf ihrem Weg begleitete sie der Landammann des Kantons Obwalden. Da der Umzug nicht von langer Hand geplant war, standen den Frauen noch keine Gebäude für ein klösterliches Zusammenleben zur Verfügung. Zuerst fanden sie Unterschlupf in einer Privatwohnung. Erst 1618 konnten die Schwestern das neue Kloster beziehen. In diesem leben wir heute noch und versuchen wie damals, der Gottsuche nachzugehen.

Ich bewundere den Mut meiner damaligen Mitschwestern, Widerstand zu leisten, denn ihr Glaube an den Beistand Gottes ermöglichte das Weiterbestehen unserer Gemeinschaft. Dafür bin ich sehr dankbar.

Klosterleben im Jahreslauf

Weihnachten ist mehr als geschmückte Schaufenster

Jedes Jahr aufs Neue werde ich in der vorweihnachtlichen Zeit an eine Erzählung von Wolfgang Borchert erinnert, die die Stadt Hamburg in der Nachkriegszeit beschreibt. Sie beginnt mit den Worten: »Hamburg, das ist mehr als …« Damit möchte Borchert aufzeigen, dass es um mehr geht als nur um eine zerstörte Stadt. Ich liebe diese Geschichte, und das häufige Lesen mindert die Faszination nicht. Dabei komme ich in der Adventszeit immer wieder in die Versuchung, mir diese Worte zu eigen zu machen und zu sagen: Weihnachten, das ist mehr als die Weihnachtsbeleuchtung in den Straßen, mehr als die weihnachtlich geschmückten Schaufenster, die zum Kaufen einladen sollen.

Und dennoch bleiben wir im Kloster nicht ganz unberührt von diesem Rummel, der um uns herum herrscht. Nicht immer gelingt es uns, von der aufkommenden Hektik, die die Vorbereitungszeit so mit sich bringt, unberührt zu bleiben. Aber wir versuchen, dieses »Mehr«, nämlich das Ja Gottes zu uns Menschen, bewusst in den Mittelpunkt zu stellen. Dieses Ja Gottes drückt sich in seiner Menschwerdung in der Person Jesu Christi aus, die wir an Weihnachten feiern.

Im Kloster haben wir jedes Jahr einen Adventskalender mit besinnlichen Texten, der uns auf dem Weg durch den Advent begleitet. Zudem versuchen wir in gemeinschaftlichen Zusammenkünften, uns dem Geheimnis zu öffnen.

Mir persönlich ist es ebenfalls ein Anliegen, den Menschen, die mir nahestehen, einen Gruß zum Weihnachtsfest und zum bevorstehenden Jahreswechsel zu senden. Gleichzeitig nutze ich dabei auch die Gelegenheit, meinen Schreiben einen Jahresrückblick in der Form eines Rundbriefes beizulegen, denn das Jahr vergeht wie im Flug, und zurück bleiben viele Erinnerungen. Diese mit den Menschen zu teilen, die mir am Herzen liegen, treibt mich an, die zusätzliche Arbeit auf mich zu nehmen.

Weihnachten – das ist mehr als alles, was wir an äußeren Zeichen rund um das Fest wahrnehmen. So wünsche ich allen Leserinnen und Lesern, dass Sie dieses »Mehr«, nämlich dieses Ja Gottes zu uns jedes Jahr neu in den Vorbereitungstagen auf das Weihnachtsfest entdecken und spürbar erleben dürfen.

Weihnachten und Silvester im Kloster

Das Weihnachtsfest im Kloster hat seine eigenen Strukturen. An diese neue Ordnung, die ich von zu Hause her nicht gewohnt war, habe ich mich schnell gewöhnt. Üblicherweise treffen sich ein paar Schwestern vor dem »Mitternachtsgottesdienst« um 22 Uhr zu einem besinnlichen Austausch. Da für mich die Weihnachtstage zu den arbeitsreichsten Zeiten im Jahr gehören, verzichte ich auf eine Teilnahme. Ich bereite mich in der Stille auf den bevorstehenden Gottesdienst vor. Am Weihnachtstag beginnt unser Tag wie üblich um 6 Uhr mit dem Morgengebet, das wir zur Feier des Tages singen. Außer den festgelegten Gebetszeiten steht es jeder Schwester frei, den Tag nach ihrem eigenen Belieben zu gestalten. Wir jungen Schwestern nutzen manchmal diese Gelegenheit, gemeinsam einen Film anzuschauen. Diese Freizeit schätze ich sehr. Und um etwas vom versäumten Schlaf nachholen zu können, setzen wir dann das Nachtgebet am 25. Dezember um 19 Uhr an.

Die traditionelle Weihnachtsfeier unserer Gemeinschaft findet erst am 28. Dezember statt. Dies ist ein alter Brauch, und dazu laden wir unsere Angestellten und unseren Spiritual ein. Mir obliegt die schöne Aufgabe, diese Feiern vorzubereiten. Mit besinnlichen Texten und Weihnachtsliedern gestalte ich ein Heft, das durch die Feier führt. Die Texte dazu schreibe ich jedes Jahr neu und versuche dabei, die Weihnachtsbotschaft des Evangeliums aufzunehmen. Dieses Zusammenkommen bereichert jedes Mal unseren klösterlichen Alltag und stärkt unseren Zusammenhalt. Die Weihnachtslieder begleiten wir mit unseren Instrumenten. Wenn wir Mitschwestern aus unserem Tochterkloster in Kamerun bei uns zu Gast haben, singen wir auch ein oder zwei Lieder auf Französisch. Mit einem gemütlichen Zusammensein bei Tee und Weihnachtsgebäck schließen wir dann das Ganze ab.

Kurz darauf liegt der Jahreswechsel vor uns. Seit ein paar Jahren gestalten wir den Übergang vom alten ins neue Jahr zusammen mit der Pfarrei Sarnen. Immer mehr Menschen aus der Umgebung nutzen diese Gelegenheit. Die Kirchentüren öffnen wir um 23 Uhr. Ab 23.30 Uhr blicken wir gemeinsam auf das vergangene Jahr zurück und legen das neue zuversichtlich und vertrauensvoll in die Hände Gottes. Danach stoßen wir im Sprechzimmer des Klosters mit den Mitfeiernden auf das neue Jahr an.

In dieser ganzen Zeit steht für mich ein Zitat des Dichters Angelus Silesius (1624 bis 1677) im Vordergrund, der auf etwas ganz Wichtiges hinweist: »Wird Christus tausendmal in Betlehem geboren und nicht in dir, du bleibst doch ewiglich verloren.« Dieser Gedanke fasziniert mich jedes Jahr aufs Neue. Ich fühle mich davon angesprochen, versuche ihm in meiner Betrachtung nachzugehen und ihn im Alltag umzusetzen.

Gute Vorsätze auf dem klösterlichen Weg

Die Menschen beginnen das neue Jahr auf ganz unterschiedliche Art und Weise. Was vielen aber gemeinsam ist, sind die guten Vorsätze, die man umsetzen möchte in der kommenden Zeit. Schon oft folgt aber nach kurzer Zeit die Ernüchterung in dieser Hinsicht. Mir geht es nicht besser, denn die Gefahr, dass das Leben zur Routine wird, besteht auch im Kloster. Aber ich habe für mein Leben ein Hilfsmittel gefunden, das mich in meinem Alltag unterstützt. Diese Hilfe sehe ich unter anderem in einem unserer Gelübde. So versprechen wir neben Beständigkeit und damit dem Bleiben in der gewählten Gemeinschaft und dem Gehorsam auch den klösterlichen Lebenswandel. Oft werden mit Letzterem vor allem Armut und Ehelosigkeit verbunden. Doch das lateinische Wort »conversatio morum« birgt eine weitere Komponente in sich, nämlich die der Umkehr. So begegnen wir in der Bibel immer wieder der Aufforderung zu Bekehrung und Umkehr, zum Beispiel im Markusevangelium im 1. Kapitel in der Figur Johannes des Täufers. Das verlangt ein Überdenken des eigenen Handelns und dann die Bereitschaft, die gewonnene Einsicht im Leben umzusetzen. Der heilige Benedikt erwartete von seinen Mönchen und Nonnen, dass sie sich ständig um diese Umkehr bemühen.

Vor einigen Jahren erklärte mir eine Ordensfrau den Begriff »conversatio morum«. Ihre Ausführung hat mich fortan geprägt und hat mir schon oft geholfen. Sie meinte: »Im Alltag gibt es immer wieder Situationen des Scheiterns. Die eigenen Vorsätze werden gebrochen; ich verletze jemanden im Gespräch, vernachlässige meine Pflichten. Einfach gesagt: Das, was ich mir vorgenommen habe, ließ ich nicht Wirklichkeit werden. Das drückt mich nieder. Bei zu häufigem Scheitern ist die Resignation nahe. Der abendliche Rückblick auf den vergangenen Tag ermöglicht mir, das Positive und das Negative des Tages vor Gott zu bringen. Für das Gute des Tages danke ich ihm, für das Misslungene bitte ich ihn um Verzeihung. Dabei weiß ich, dass mit dem nächsten Tag ein Neubeginn vor mir liegt. Ich erhalte eine neue Chance. Diese versuche ich in die Tat umzusetzen mit der Gewissheit, dass Gott mir beistehen wird.«

Dennoch ertappe ich mich immer wieder, dass ich von den alten Verhaltensmustern eingeholt werde. Die guten Vorsätze bleiben Vorsätze, und dies nicht nur am Anfang eines neuen Jahres. Aber die Gewissheit, dass ich mit Gottes Hilfe aufstehen kann, beruhigt mich, denn es lohnt sich, das Wagnis des Neubeginns einzugehen, wie mir meine Erfahrung zeigt.

Fastnacht im Kloster

Die Fastnacht ist insbesondere in der Innerschweiz ein bedeutungsvoller Anlass und für viele die fünfte und schönste Jahreszeit. Diese ausgelassene und fröhliche Stimmung ist auch in unserem Kloster spürbar, und wir lassen uns gerne davon anstecken.

Schon fast »historisch« dürfte gewesen sein, dass unser Frauenkloster 2008 in der Fastnachtszeitung der Gemeinde Sarnen erwähnt wurde, denn es ist eher unwahrscheinlich, dass ein Kloster Anlass gibt zu einem Ereignis, das auf humoristische Art in der närrischen Zeitung »gewürdigt« wird.

»Hallo, Rut-Maria, morgen solltest du die Fastnachtszeitung kaufen! Es ist ein interessanter Beitrag über eine junge Klosterfrau zu lesen.« Dieses SMS erreichte mich an einem Freitag. Das machte mich natürlich neugierig. Als ich dann die Zeitung endlich in Händen hielt, sah ich darin eine Karikatur von mir, und der Anblick brachte mich zum Lachen. In Versform (»Sich verbrüdern und verschwestern, im Kloster ist man nicht von gestern«) nahm das Blatt Bezug auf den Internetauftritt unseres Klosters.

Doch auch ohne Erwähnung in der Fastnachtszeitung hat diese fröhliche Zeit ihren festen Platz in unserem Klosterleben. Sie hat ihren Ursprung im kirchlichen Festkalender und bietet vor Beginn der Fastenzeit die Möglichkeit, der Ausgelassenheit, Fröhlichkeit und der überschäumenden Lebensfreude zu frönen, bevor das strenge Fasten beginnt.

Bei uns fängt die Fastnacht am »schmutzigen Donnerstag« auf eine dem Kloster gemäße Art und Weise an. Unser Speisesaal wird nach einem Motto gestaltet, zum Beispiel »Tausendundeine Nacht«. Zudem schmücken Luftschlangen und Ballons sowie verschiedene Masken aus dem Kloster-Fastnachtsfundus den Raum. Am Nachmittag findet im Dorf der Kinderumzug statt, der am Kloster vorbeiführt. So gehört der Blick aus dem Fenster zur alljährlichen Tradition. Am Abend verkleiden wir uns, weshalb wir jungen Schwestern alljährlich auf der Suche nach einem geeigneten Kostüm sind. Einmal bastelten wir zum Thema »Abfallentsorgung« aus alten Kartoffelsäcken und anderen leeren Verpackungen ein Kostüm. Unsere »Haare« waren geschreddertes Papier. Sketche und verschiedene Spiele gehören zu unserem Abendprogramm. Dabei versuchen wir das so zu gestalten, dass sich alle Schwestern beteiligen können. Angesichts des großen Altersspektrums ist dies immer wieder eine Herausforderung.

Während der Fastnachtstage ändert sich auch die Tischlesung. Statt zu schweigen und der Tischlesung zuzuhören, ist Sprechen am Tisch erlaubt. Manchmal mache ich auch einen Spaß. Dann nähe ich beispielsweise die Servietten an den Tischtüchern an oder klebe die Gläser am Tischtuch fest. Einmal versteckte ich verschiedene Wecker, die zu unterschiedlichen Zeiten läuteten. Meine Mitschwestern mussten die Wecker suchen, um in Ruhe essen zu können.

Ein weiteres Fastnachtsritual ist bei uns der Jass, ein Kartenspiel, das je nach Aufgaben der Schwestern bereits am Nachmittag oder dann bestimmt am Abend stattfindet. Da während der Fastenzeit nicht gespielt wird, ist dies noch einmal ein Ausgleich für die Schwestern, die in der Folgezeit auf ihren geliebten Jass verzichten müssen.

Ich muss mir zwar jedes Jahr einen Ruck geben, um mich in die Fastnacht zu begeben. Doch der kleine Ausbruch aus dem Alltag tut gut und motiviert mich dann immer wieder, mich voll dafür einzusetzen.

Die Fastenzeit ist mehr als bloßes Verzichten

Mit dem Aschermittwoch beginnt die vierzigtägige Fastenzeit. Diese österliche Bußzeit – ein anderer Ausdruck für die Fastenzeit – dient als Vorbereitungszeit auf das Osterfest. Das Fasten ist dabei aber mehr als nur ein Verzicht.

In der Einleitung des Schott-Messbuchs steht dazu: »Fastenzeit heißt nicht nur, weniger essen und trinken, überhaupt weniger für sich selbst fordern und verbrauchen. Der Sinn: Der ganze Mensch soll frei und gesund werden; sich selbst wieder finden; das einüben und verwirklichen, was wir durch die Taufe geworden sind: der neue Mensch, in dem Christus sichtbar wird. Das Gesetz Christi: nicht fordern, sondern schenken; loslassen, sich selbst lassen und wie durch den Tod hindurch das neue, größere Leben gewinnen.«

Auch der heilige Benedikt widmet ein Kapitel seiner Regel der Fastenzeit. Er schreibt darin, dass der Mönch zwar immer ein Leben führen soll wie in der Fastenzeit, meint dann aber, dass nur wenige dafür die nötige Kraft besitzen. Er mahnt daher seine Mönche, wenigstens in dieser Zeit auf das Leben zu achten und Nachlässigkeiten im Alltag zu vermeiden. So liest man im 49. Kapitel der Benediktsregel: »So möge jeder über das ihm zugewiesene Maß hinaus aus eigenem Willen in der Freude des Heiligen Geistes Gott etwas darbringen; er entziehe seinem Leib etwas an Speise, Trank und Schlaf und verzichte auf Geschwätz und Albernheiten. Mit geistlicher Sehnsucht und Freude erwarte er das heilige Osterfest.« Ihm geht es aber ebenfalls nicht um ein bloßes Verzichten, sondern um eine Intensivierung der Gottesbeziehung. Um die Gefahr des Stolzes und der Überheblichkeit auszuschließen, will Benedikt, dass der Mönch seinem Oberen mitteilt, was er sich vorgenommen hat.

Die Fastenzeit hat bei uns im Kloster eine wichtige Bedeutung. Da ist einmal der traditionelle Verzicht auf bestimmte Speisen und Getränke. So essen bei uns im Kloster einige Mitschwestern keine Butter beim Frühstück und trinken keinen Milchkaffee. Ich selbst bemühe mich, dem Verlangen nach mehr Essen und nach Schokolade nicht nachzugeben. Das andere Fasten beinhaltet den bewussten Umgang mit den Medien- und Kommunikationsmitteln, die nur für das Notwendige benutzt werden.

Außerdem entfällt während dieser 40 Tage das Halleluja im Gottesdienst und in den Gebetszeiten. Das klappt allerdings nicht immer, und so schallt manchmal ein unvollendetes Halleluja zum Himmel. Wir müssen uns deshalb stets daran erinnern, dass es wegzulassen ist.

Der Weg auf Ostern hin ist für mich persönlich auch eine Rückbesinnung auf mich selbst. Jesu Weg vom Leiden zur Auferstehung zeigt mir dabei, dass ich nicht alles alleine machen kann und muss. Das erfüllt mich mit Dankbarkeit.

Prägende Zeiten

Im Gegensatz zum saisonalen, »weltlichen« Jahreskalender wird unser klösterlicher Alltag von einem anderen Jahreszyklus bestimmt, dem sogenannten Kirchenjahr.

Es gliedert sich in drei Hauptteile: Weihnachtsfestkreis, Osterfestkreis und die Zeit im Jahreskreis. Jede dieser drei Zeiten prägt unseren klösterlichen Alltag auf seine Weise. Dies wird auch daran ersichtlich, dass wir für jeden Abschnitt im Kirchenjahr ein eigenes Brevier (Gebetbuch) zur Verfügung haben. So auch für die Fastenzeit. Sie gehört zum Osterfestkreis, der am Aschermittwoch beginnt und bis zum Pfingstsonntag fortdauert.

Jede unserer sechs gemeinsamen Gebetszeiten folgt einem gleichbleibenden Schema, das zum Teil etwas variiert wird. Der Eröffnungsruf steht am Anfang: »O Gott, komm mir zu Hilfe. Herr, eile mir zu helfen. Ehre sei dem Vater und dem

Sohne und dem Heiligen Geiste. Wie im Anfang, so auch jetzt und allezeit und in Ewigkeit. Amen.« Dann folgen der Hymnus, die Psalmen mit je eigenen Kehrversen, eine Lesung, ein Antwortgesang und das abschließende Gebet.

Der Hymnus (Lobgesang) gibt bereits den ersten Hinweis, in welcher liturgischen Zeit wir uns befinden. So lautet der Hymnus für die österliche Bußzeit in unserem Morgengebet:

Du Sonne der Gerechtigkeit,
Christus, vertreib in uns die Nacht,
dass mit dem Licht des neuen Tags
auch unser Herz sich neu erhellt.

Du schenkst uns diese Gnadenzeit,
gib auch ein reuevolles Herz
und führe auf den Weg zurück,
die deine Langmut irren sah.

Es kommt der Tag, dein Tag erscheint,
da alles neu in Blüte steht;
der Tag, der unsre Freude ist,
der Tag, der uns mit dir versöhnt.

Dir, höchster Gott, Dreifaltigkeit,
lobsinge alles, was da lebt.
Lass uns, durch deine Gnade neu,
dich preisen durch ein neues Lied.

Ein Vergleich mit dem Hymnus der Osterzeit zeigt einen deutlichen Unterschied. Von der Zeit der Besinnung und Umkehr gehen wir über zu einer Zeit der Freude. So lautet dort die erste Strophe: »Jerusalem, du neue Stadt, gib deinen Liedern neuen Klang, in reiner Freude darfst du jetzt der Ostern hohes Fest begehn.«

Auch die Kehrverse, die Antwortgesänge, die Lesungen und die Schlussgebete sind geprägt von der jeweiligen Zeit, in der wir uns befinden, und nur die Psalmen bleiben gleich. Diese unterschiedliche Gestaltung ermöglicht uns ein Einstimmen in das Festgeheimnis. Da sich die Hymnen täglich wiederholen, kann ich diese praktisch auswendig. Ich habe sie verinnerlicht und kann sie auch außerhalb der Gebetszeiten aus dem Gedächtnis abrufen. Das ermöglicht mir, einer Weisung des heiligen Benedikt zu folgen, der seinen Mönchen das »Wiederkäuen« von Psalmversen oder anderen Texten empfiehlt. Das soll die Gottesbeziehung befruchten und vertiefen.

Palmsonntag im Kloster

Stellen Sie sich einmal folgende Szene in einer Großstadt vor: Ein Mann setzt sich auf einen Esel und reitet so durch das Zentrum. Dabei legen die zuschauenden Menschen ihre Kleider auf die Straße und jubeln ihm zu. Unser Urteil würde wohl lauten: »Was ist das für ein Verrückter?«

Von solch einem Ereignis im Leben Jesu berichten die Evangelien. Ganz so krass, wie diese Szene uns heute anmutet, wurde sie im damaligen Umfeld nicht empfunden, da Tiere als die üblichen Transportmittel galten. Über den Einzug Jesu in Jerusalem berichten die Evangelien vor dem Leiden, dem Sterben, dem Tod und der Auferstehung Jesu. Liturgisch wird dies am Palmsonntag gefeiert. Dieser Sonntag steht am Beginn der Karwoche, die die Ereignisse um den Tod Jesu zum Inhalt hat.

Mir fällt das Verstehen dieses Textes schwer. Zuerst jubelt das Volk Jesu zu und begrüßt ihn als Sohn Davids. Dieser Titel war bei den Juden dem Messias vorbehalten, jenem Erlöser, den Gott zur Rettung seines Volkes zu senden verheißen hatte. Kurz darauf fordern dieselben Menschen von den Römern: »Kreuzigt ihn!«, und er wird wie ein Schwerverbrecher hingerichtet. Erst an Ostern lässt sich diese scheinbar undurchsichtige Logik durchschauen.

Zum Gedenken an den genannten Einzug halten wir Schwestern zusammen mit dem Priester und den Ministranten eine kurze Prozession durch den Kreuzgang. Dabei haben wir zuvor gesegnete Thujazweige in den Händen, die aus unserem Garten stammen. Danach folgen zwei Lesungen. An die Stelle der Predigt tritt die Lesung der Passion Jesu, die bei uns von drei Personen vorgetragen wird. Abwechselnd hören wir die Fassungen der Evangelien nach Matthäus, Markus und Lukas. Die längste Version dieser Erzählung ist die aus dem Matthäusevangelium. Sitzend folgen wir den Worten, obwohl wir normalerweise beim Lesen eines Evangelientextes stehen. Beim Bericht über den Tod Jesu erheben wir uns, und nach den Worten des Erzählers: »Jesus aber schrie noch einmal laut auf. Dann hauchte er den Geist aus«, knien wir nieder zu einer kurzen Gebetsstille. Die fast mit Händen zu greifende Atmosphäre, die nach der Lesung dieses Textes entsteht, nimmt mich jedes Jahr neu gefangen. Diese in der Luft liegende Spannung könnte, wenn es nach mir ginge, noch länger andauern. Aber der Gottesdienst nimmt seinen gewohnten Lauf.

Zusammen mit den Thujazweigen werden bei uns Äpfel gesegnet. Am Schluss der Messe können die Gottesdienstbesucher von den gesegneten Zweigen und den Äpfeln etwas mit nach Hause nehmen. Oft ist es noch Brauch, die gesegneten Zweige hinter das Kreuz in der Wohnung zu stecken und sich so an den Sieg Jesu über den Tod zu erinnern. Bei uns ersetzen einige Mitschwestern die alten Zweige durch neue. Das braucht so seine

Zeit, denn zum Kloster gehören außer dem Haupttrakt noch vier Nebengebäude. Zudem ist jede Schwester darum besorgt, dass in ihrem Zimmer und an ihrem Arbeitsplatz die Zweige gewechselt werden. Die alten werden nicht einfach im Abfall entsorgt, sondern aufbewahrt und am nächsten Aschermittwoch verbrannt.

Als ich unsere Äbtissin fragte, warum bei uns außerdem die Äpfel gesegnet werden, konnte sie mir darauf keine wirkliche Antwort geben. So meint sie, dass die Segnung wohl verbunden sei mit dem Brauch, in die für die Prozession vorgesehenen Kränze Äpfel einzuflechten, wie es in verschiedenen Pfarreien üblich ist.

Mit dem Beginn der Karwoche liegt eine intensive Zeit vor uns. Meine Mitschwestern und ich sind dann gefordert. Doch leben wir in der Gewissheit, dass wir mit dem Tod Jesu letztlich das Leben gewonnen haben.

Am Ende des Tunnels – das Licht der Hoffnung

Ohne Licht durch einen Tunnel zu fahren, löst unangenehme Gefühle und Angst aus. Ich erinnere mich an eine Zugfahrt von Sarnen nach Luzern, bei der aus unbekannten Gründen in den beiden Tunnels das Licht nicht angeschaltet wurde. Es war stockdunkel, und man konnte wirklich gar nichts erkennen.

In dieser beklemmenden Situation fiel mir eine Erzählung von Friedrich Dürrenmatt ein. Der Autor erzählt, dass ein 24-jähriger Student im Zug nach Zürich sitzt. Eine Fahrt durch den Tunnel will einfach nicht enden. Als Einziger der Fahrgäste ist der Student beunruhigt und sucht nach dem Zugführer. Mit diesem zusammen entdeckt er, dass der Lokomotivführer abgesprungen ist, da die Bremsen nicht mehr funktionstüchtig sind. Der Zug fährt mit steigender Geschwindigkeit ins Erdinnere und lässt sich nicht stoppen. Auf die Frage, was zu tun sei, antwortet der Student: »Nichts.«

Als ein Tunnel ohne Ende erscheinen die Fastenzeit wie auch die Karwoche mit ihrer gesteigerten Aufmerksamkeit auf das Leiden und Sterben Jesu. Dem Verstummen des Hallelujas zu Beginn der österlichen Bußzeit folgt am Gründonnerstag das Schweigen der Kirchenglocken als ein Zeichen der Trauer und der Klage um den Tod Jesu. Einen weiteren Bruch erfährt unser klösterlicher Alltag durch den Ausfall der morgendlichen Eucharistiefeier. An ihre Stelle tritt die Feier des Leidens und Sterbens Christi am Nachmittag. Es hat für mich fast den Anschein, als legte sich die Last des Todes Jesu auf unsere Schultern.

Ähnlich wie bei der Zugfahrt, bei der das Ende des Tunnels große Erleichterung in mir auslöste, keimt langsam das Bewusstsein, dass mit dem Tod nicht alles vorbei sein kann. Die Finsternis des Grabes bekommt nicht das letzte Wort. Die Beklemmung weicht langsam, aber spürbar. Symbolisch zeigt sich dies in der Osternachtfeier, die wir mit einer Lichtfeier eröffnen. In unserem Klostergarten brennt dann ein Feuer, das die Dunkelheit der Nacht durchbricht. An diesem entzündet der Priester die Osterkerze. Auf dem Weg in die Kirche singt er dreimal den Ruf »Lumen Christi« (Christus, das Licht), worauf wir mit »Deo Gratias« (Dank sei Gott) antworten. In der Kirche erhalten alle Gläubigen eine Kerze, die an der Osterkerze angezündet wird. Während wir die Kerzen in den Händen halten, erklingt das Osterlob. Es schließt mit den Worten: »Sie (die Kerze) leuchte, bis der Morgenstern erscheint, jener wahre Morgenstern, der in Ewigkeit nicht untergeht: dein Sohn, unser Herr Jesus Christus, der von den Toten erstand, der den Menschen erstrahlt im österlichen Licht, der mit dir (gemeint ist Gott) lebt und herrscht in Ewigkeit!«

So erschließt sich auch die Antwort des Studenten in Dürrenmatts Erzählung: »Nichts. Gott ließ uns fallen, und so stürzen wir denn auf ihn zu.« Der endlos erscheinende Tunnel endet in

Gott. Oder anders gesagt: In der Auferstehung Jesu bricht das Licht Gottes in die Dunkelheit des Lebens ein.

Ostern: Was wird eigentlich gefeiert?

Ein Fernsehteam stellte auf der Straße verschiedenen Menschen die Frage »Was wird an Ostern gefeiert?« Die Antworten waren teilweise verblüffend: »Das weiß ich nicht so genau, das ist doch irgendetwas Kirchliches.« »Die Geburt Christi wird gefeiert, ach nein, irgendetwas mit seiner Kreuzigung.« »Die Auferstehung Jesu wird gefeiert.« In einer nachfolgenden Diskussion über dieses Thema wurde erwähnt, dass das Interesse an Religion laut einer Umfrage zwar groß, das Wissen über den christlichen Glauben jedoch eher bescheiden sei.

Ich wurde sehr nachdenklich über diesen Antworten. Das Ereignis von Ostern, die Auferstehung Jesu, erlebe ich in meiner Gemeinschaft als Höhepunkt im Kirchenjahr, auch wenn wir uns immer wieder fragen müssen, was wir von dieser Botschaft verstanden haben. Karl Rahner meint dazu: »Wir wissen von Jesu Auferstehung hinsichtlich dessen, was damit eigentlich gemeint ist, auch nicht mehr als das, was wir für uns selbst hoffen: die bleibende, wirkende Rettung seines Lebens durch Gott.«

Diese Rettung, die uns Hoffnung in den dunklen Stunden des Lebens schenkt, zeigt sich uns in der Liturgie, also in unseren Gebetszeiten und in der Eucharistiefeier. Aus dem Bewusstsein, welch einschneidendes Ereignis uns in der Auferstehung Jesu entgegentritt, wird die Woche vom Ostersonntag bis zum darauffolgenden Sonntag als ein einziger Tag gefeiert. In der sogenannten Osteroktav beten wir jeden Tag die gleichen Psalmen, Hymnen und Kehrverse, abgesehen von kleinen Abweichungen in den Lesungen. Dabei erschallt immer wieder ein Vers aus dem 118. Psalm: »Dies ist der Tag, den der Herr gemacht hat. Lasst uns jubeln und fröhlich sein.«

Als weiterer Ausdruck der Festfreude singen wir in dieser Zeit in der Eucharistiefeier das Gloria, einen Lobgesang, der ansonsten den Sonntagen und wichtigen Festen vorbehalten ist. Zudem dürfen in dieser Zeit keine Heiligengedenktage gefeiert werden. Die kirchliche Ordnung sieht vor, dass die Feste dann in die zweite Osterwoche verschoben werden. Manchmal trifft diese Verschiebung auch das Gedächtnis an unseren Ordensgründer, den heiligen Benedikt.

Obwohl die Botschaft von der Auferstehung Jesu das Zentrum unserer Osterfeierlichkeiten bildet, lässt sich der Schokoladenhase auch aus dem Kloster nicht wegdenken. Das Verlangen nach Süßem, das in der Fastenzeit »verboten« war, lässt sich nun wieder stillen. Und getrost spricht der Osterhase in einer SMS-Botschaft, die ich erhielt: »Die Oschtere tuen i gloub ignoriere, söu doch der Chlous mit sine Güetzi gah husiere. Das tuet besser zu däm Schisswätter passe; i nime e Eiercognac u gah schlafe.« (»Dieses Osterfest werde ich wohl ignorieren, soll doch der St. Nikolaus mit seinen Keksen hausieren gehen. Das passt besser zu diesem miserablen Wetter. Ich nehme einen Eiercognac und gehe schlafen.«)

Fronleichnam im Kloster

Im Kloster herrscht vor Fronleichnam, das am zweiten Donnerstag nach Pfingsten gefeiert wird, immer Hochbetrieb, denn für die Prozession, die durch unseren Klostergarten führt, werden die Blumenbeete verschönert oder frisch angepflanzt, unsere kleinen Kapellen gereinigt und mit Blumen geschmückt und die Wege abgespritzt und gekehrt.

Der Begriff »Fronleichnam« stammt aus dem Mittelhochdeutschen. Dort bedeutet »Fron« Herr, und »Leichnam« bezeichnet den lebendigen Leib. »Herrenleib« kommt deshalb dem kirchlichen Namen des Festes bedeutend näher, der lautet:

Hochfest des Leibes und des Blutes Christi. Gegenstand des Festes ist die Verehrung des Altarsakraments, denn wir Katholiken glauben, dass in der Eucharistie Jesus Christus gegenwärtig ist.

Seinen besonderen Charakter erhält das Mitte des 13. Jahrhunderts eingeführte Fest durch die Prozessionen, die in katholischen Gebieten bis heute gepflegt werden. Bei uns beginnt sie nach dem Gottesdienst, der um 8 Uhr stattfindet. Wir verzichten bewusst auf eine Teilnahme der Gläubigen an unserer Prozession, da die Pfarrei Sarnen selbst eine solche veranstaltet. Wir möchten nicht zur »Konkurrenz« der Pfarrei werden. Nach dem Gottesdienst begibt sich eine kleine Schar, bestehend aus uns Schwestern, dem Priester, Ministrantinnen und Ministranten sowie Angestellten des Klosters, auf den Weg. Wir machen bei jeder Kapelle halt, hören eine Lesung aus den Evangelien und beten zusammen. Abgeschlossen wird die kurze Andacht durch den Segen mit der in der Monstranz mitgeführten eucharistischen Hostie. Zwischen den einzelnen Stationen singen wir aus den Psalmen.

Nach der dritten Station eile ich auf dem kürzesten Weg in die Klosterkirche, denn ich begrüße dort mit Orgelmusik die Prozession, wenn sie zur letzten Station in die Kirche zurückkehrt. Die Angst, nicht rechtzeitig dort zu sein, hat sich nach mehreren Jahren Erfahrung gelegt. In der

Kirche folgen wir noch einmal dem Ablauf, wie ich ihn für die anderen Stationen im Klostergarten beschrieben habe.

Das Loblied auf Gott, der uns seine Schöpfung anvertraut hat, beendet unseren Rundgang. So wird dann auch mit Dankbarkeit und mit viel Inbrunst gesungen:

Großer Gott, wir loben dich;
Herr, wir preisen deine Stärke.
Vor dir neigt die Erde sich
und bewundert deine Werke.
Wie du warst vor aller Zeit,
so bleibst du in Ewigkeit.

Ferien für Klosterfrauen

»Ferien können zum Guckloch für den Himmel werden. Wer seine Ferien genießt, schmeckt den Himmel.« Diesen wunderbaren Satz las ich kürzlich und erinnerte mich daran, dass die Frage, ob auch Nonnen Ferien haben, uns oft gestellt wird. Und: Ja, auch wir haben Ferien.

Als ich 1992 ins Kloster eintrat, durften die Schwestern drei Wochen Urlaub nehmen. Das Besondere daran war, dass man das Kloster dazu nicht verließ. Kurz nach meinem Eintritt änderte sich dies, und es wurde uns möglich, auch außerhalb des Klosters unsere Erholungszeit zu verbringen. Da unsere Gemeinschaft klein ist, bedarf es allerdings einer genauen Planung dazu, denn nicht alle können gleichzeitig in die Ferien verreisen.

Meist zeigt sich, dass die älteren Mitschwestern es bevorzugen, im Kloster zu bleiben. Beim Chorgebet ist man freigestellt, und man kann es dann an einem lauschigen Platz im Klostergarten für sich beten. An Sonntagen und kirchlichen Hochfesten wird die Präsenz im Chor für die Vesper (Abendgebet) und die Komplet (Nachtgebet) erwartet. Falls wir Wanderlust verspüren, dürfen wir eine Wanderung oder einen Ausflug in die nähere Umgebung unternehmen. Ein beliebtes Ziel ist dann der Ranft, der Ort, an dem der heilige Bruder Klaus gelebt und gewirkt hat.

Verbringen wir unsere Erholungszeit außerhalb der Gemeinschaft, wählen wir ein anderes Kloster oder ein Gästehaus, das von Ordensleuten geführt wird. Beliebte Ziele von uns Schwestern liegen sehr nah. Wir sind zum Beispiel immer wieder Gast im Kloster Melchtal und bei den Franziskanerinnen in Engelberg. Engelberg hat es mir besonders angetan. Einerseits wegen unserer Klostergeschichte, andererseits auch wegen der vielen Wandermöglichkeiten. Ich genieße das Wandern sehr, da erfahre ich Gott in seiner Schöpfung. Mich übermannt dann oft das Staunen über die Schönheit und Vielfalt, der ich in der Natur begegne. Aber ich nutze auch die Gelegenheit, einmal auszuschlafen oder in Ruhe zu lesen, sei es die Zeitung oder auch einen Krimi.

Im letzten Jahr erhielt ich kurz vor meiner Abreise in die Ferien die Nachricht, dass mein Vater in Rorschach im Krankenhaus liegt. So nutzte ich einen Teil meiner Ferien dazu, ihn zu besuchen. Zugleich nahm ich die Gelegenheit wahr, zusammen mit meinem Bruder und meinen beiden Nichten ein Fußballspiel des *FC St. Gallen* im Espenmoos anzuschauen.

Nach den Ferien kehre ich dann frisch gestärkt und bereit zu neuen Taten ins Klosterleben zurück. Und dies mit der Gewissheit, dass Ferien »zum Guckloch für den Himmel« werden können. »Wer seine Ferien genießt, schmeckt den Himmel.«

Hagel, Blitz und Glockengeläut

Beim Lesen der Zeitung fällt mir immer wieder auf, dass kaum ein Tag vergeht, an dem nicht von einer Naturkatastrophe berichtet wird. Gewitter, Überschwemmungen, Hagelschlag, Erdbeben, Erdrutsche und im Winter Lawinen zeigen uns oftmals unsere Hilflosigkeit gegenüber den Kräften der Natur.

Da unser Garten zu unserer Versorgung beiträgt, müssen wir uns immer wieder mit solchen Naturgewalten auseinandersetzen. In ganz dramatischer Weise erlebten wir das im August 2005, als das Kloster vom Hochwasser überschwemmt wurde. Zudem vergeht kaum ein Jahr, in dem uns nicht der Hagelschlag trifft. Glücklicherweise ersetzt uns dann unsere Versicherung die Schäden. Dennoch möchten wir diese in Grenzen halten. Deshalb beginnen wir mit dem Läuten der kleinsten unserer drei Glocken, sobald ein Gewitter aufzieht. Dieser Brauch des Wetterläutens oder auch Sturmläutens hat sich bei uns erhalten. Man sagt, das würde die Gewitterwolken auseinandertreiben. Gleichzeitig eilen wir im Kloster von Raum zu Raum, um die Fensterläden oder die Rollläden zu schließen. Ansonsten riskieren wir, dass wir, mit Eimern und Putzlappen bewaffnet, nach dem Gewitter den Regen aufwischen müssen.

Dass wir auf Gottes Hilfe beim »Wettermachen« angewiesen sind, zeigt sich auch in weiteren Bräuchen, die wir pflegen. Am 25. April, dem Gedenktag des Evangelisten Markus, begeben wir uns auf eine Bittprozession durch den Klostergarten, bei der wir die Allerheiligenlitanei beten und Gott um seinen Segen für Feld und Flur bitten. Dabei spielen sich manchmal amüsante Szenen ab. Einmal folgte uns unsere Klosterkatze.

Sie stellte sich in die Reihe, hob den Schwanz in die Höhe und marschierte bei der Prozession mit. Als wir darauf aufmerksam wurden, konnte ich das Lachen unmöglich unterdrücken.

Am Markusfest spendet der Priester zudem zum ersten Mal den Wettersegen in unserer Klosterkirche. Früher glaubte man, dass in den Gewittern Dämonen ihr Unwesen treiben. Diese sollten durch Gebete vertrieben werden. Heute geht es vielmehr um ein Gebet, dass Gott uns vor Schaden und Unheil bewahren möge. Dieser erweiterte Schlusssegen wird dann bis zum 14. September, dem Fest der Kreuzerhöhung, erteilt.

Aber nicht nur wir Menschen gehören zu Gottes Schöpfung, und so kann auch ihr sein Segen zugesprochen werden. Dies kommt im folgenden Segensgebet, das für den Wettersegen vorgesehen ist, wunderbar zum Ausdruck:

> Gott, der allmächtige Vater, segne euch und schenke euch gedeihliches Wetter; er halte Blitz, Hagel und jedes Unheil von euch fern. Er segne die Felder, die Gärten und den Wald und schenke euch die Früchte der Erde. Er begleite eure Arbeit, damit ihr in Dankbarkeit und Freude gebrauchet, was durch die Kräfte der Natur und die Mühe des Menschen gewachsen ist. Das gewähre euch der dreieinige Gott, der Vater und der Sohn und der Heilige Geist.